PREFACIO

La colección de guías de conversación para viajar "Todo irá bien" publicada por T&P Books está diseñada para personas que viajan al extranjero para turismo y negocios. Las guías contienen lo más importante - los elementos esenciales para una comunicación básica.Éste es un conjunto de frases imprescindibles para "sobrevivir" mientras está en el extranjero.

Esta guía de conversación le ayudará en la mayoría de los casos donde usted necesite pedir algo, conseguir direcciones, saber cuánto cuesta algo, etc. Puede también resolver situaciones difíciles de la comunicación donde los gestos no pueden ayudar.

Este libro contiene una gran cantidad de frases que han sido agrupadas según los temas más relevantes. Esta edición también incluye un pequeño vocabulario que contiene alrededor de 3.000 de las palabras más frecuentemente usadas.Otra sección de la guía proporciona un glosario gastronómico que le puede ayudar a pedir los alimentos en un restaurante o a comprar comestibles en la tienda.

Llévese la guía de conversación "Todo irá bien" en el camino y tendrá una insustituible compañera de viaje que le ayudará a salir de cualquier situación y le enseñará a no temer hablar con extranjeros.

TABLA DE CONTENIDOS

T&P Books Publishing

Colección de guías de conversación
"¡Todo irá bien!"

T&P Books Publishing

GUÍA DE CONVERSACIÓN
ÁRABE

Andrey Taranov

LAS PALABRAS Y LAS FRASES MÁS ÚTILES

Esta Guía de Conversación contiene las frases y las preguntas más comunes necesitadas para una comunicación básica con extranjeros

T&P BOOKS

Guía de conversación + diccionario de 3000 palabras

Guía de conversación Español-Árabe egipcio y vocabulario temático de 3000 palabras

por Andrey Taranov

La colección de guías de conversación para viajar "Todo irá bien" publicada por T&P Books está diseñada para personas que viajan al extranjero para turismo y negocios. Las guías contienen lo más importante - los elementos esenciales para una comunicación básica. Éste es un conjunto de frases imprescindibles para "sobrevivir" mientras está en el extranjero.

Este libro también incluye un pequeño vocabulario temático que contiene alrededor de 3.000 de las palabras más frecuentemente usadas. Otra sección de la guía proporciona un glosario gastronómico que le puede ayudar a pedir los alimentos en un restaurante o a comprar comestibles en la tienda.

T&P Books Publishing
www.tpbooks.com

ISBN: 978-1-78716-967-8

PRONUNCIACIÓN

T&P alfabeto fonético	Ejemplo Árabe Egipcio	Ejemplo español
[a]	[ṭaffa] طفّى	radio
[ā]	[eχtār] إختار	contraataque
[e]	[setta] ستّة	verano
[i]	[minā'] ميناء	ilegal
[ī]	[ebrīl] إبريل	destino
[o]	[oɣosṭos] أغسطس	bordado
[ō]	[ḥalazōn] حلزون	domicilio
[u]	[kalkutta] كلكتا	mundo
[ū]	[gamūs] جاموس	nocturna
[b]	[bedāya] بداية	en barco
[d]	[sa'āda] سعادة	desierto
[ḍ]	[waḍ'] وضع	[d] faríngea
[ʒ]	[arʒantīn] الأرجنتين	adyacente
[ẓ]	[ẓahar] ظهر	[z] faríngea
[f]	[χafīf] خفيف	golf
[g]	[bahga] بهجة	jugada
[h]	[ettegāh] إتّجاه	registro
[ḥ]	[ḥabb] حبّ	[h] faríngea
[y]	[dahaby] ذهبي	asiento
[k]	[korsy] كرسي	charco
[l]	[lammaḥ] لمّح	lira
[m]	[marṣad] مرصد	nombre
[n]	[ganūb] جنوب	sonar
[p]	[kaputʃino] كابتشينو	precio
[q]	[wasaq] وثق	catástrofe
[r]	[roḥe] روح	era, alfombra
[s]	[soχreya] سخرية	salva
[ṣ]	[me'ṣam] معصم	[s] faríngea
[ʃ]	['aʃā'] عشاء	shopping
[t]	[tanūb] تنوب	torre
[ṭ]	[χarīṭa] خريطة	[t] faríngea
[θ]	[mamūθ] ماموث	pinzas
[v]	[vietnām] فيتنام	travieso
[w]	[wadda'] ودّع	acuerdo
[χ]	[baχīl] بخيل	reloj
[ɣ]	[etɣadda] إتغدّى	amigo, magnífico

T&P alfabeto fonético	Ejemplo Árabe Egipcio	Ejemplo español
[z]	**[me'za] معزة**	desde
['] (ayn)	**[sab'a] سبعة**	fricativa faríngea sonora
['] (hamza)	**[sa'al] سأل**	oclusiva glotal sorda

LISTA DE ABREVIATURAS

Abreviatura en Árabe Egipcio

du	-	sustantivo plural (doble)
f	-	sustantivo femenino
m	-	sustantivo masculino
pl	-	plural

Abreviatura en español

adj	-	adjetivo
adv	-	adverbio
anim.	-	animado
conj	-	conjunción
etc.	-	etcétera
f	-	sustantivo femenino
f pl	-	femenino plural
fam.	-	uso familiar
fem.	-	femenino
form.	-	uso formal
inanim.	-	inanimado
innum.	-	innumerable
m	-	sustantivo masculino
m pl	-	masculino plural
m, f	-	masculino, femenino
masc.	-	masculino
mat	-	matemáticas
mil.	-	militar
num.	-	numerable
p.ej.	-	por ejemplo
pl	-	plural
pron	-	pronombre
sg	-	singular
v aux	-	verbo auxiliar
vi	-	verbo intransitivo
vi, vt	-	verbo intransitivo, verbo transitivo
vr	-	verbo reflexivo
vt	-	verbo transitivo

T&P BOOKS

GUÍA DE CONVERSACIÓN ÁRABE

Esta sección contiene frases importantes que pueden resultar útiles en varias situaciones de la vida real. La Guía le ayudará a pedir direcciones, aclaración sobre precio, comprar billetes, y pedir alimentos en un restaurante

T&P Books Publishing

CONTENIDO DE LA GUÍA DE CONVERSACIÓN

T&P Books Publishing

Lo más imprescindible

Perdone, …	law samaḥt, … لو سمحت، …
Hola.	as salāmu ʿalaykum السلام عليكم
Gracias.	ʃukran شكرا
Sí.	naʿam نعم
No.	la لا
No lo sé.	la aʿrif لا أعرف
¿Dónde? | ¿A dónde? | ¿Cuándo?	ayna? | ila ayna? | mata? أين؟ ا إلى أين؟ ا متى؟
Necesito …	ana aḥtāʒ ila … أنا أحتاج إلى…
Quiero …	ana urīd … أنا أريد …
¿Tiene …?	hal ʿindak …? هل عندك… ؟
¿Hay … por aquí?	hal yūʒad huna …? هل يوجد هنا …؟
¿Puedo …?	hal yumkinuni …? هل يمكنني…؟
…, por favor? (petición educada)	… min faḍlak … من فضلك
Busco …	abḥaθ ʿan … أبحث عن …
el servicio	ḥammām حمام
un cajero automático	mākīnat ṣarrāf ʾāliy ماكينة صراف آلي
una farmacia	ṣaydaliyya صيدلية
el hospital	mustaʃfa مستشفى
la comisaría	qism aʃ ʃurṭa قسم شرطة
el metro	mitru al anfāq مترو الأنفاق

un taxi	taksi **تاكسي**
la estación de tren	mahaṭṭat al qiṭār **محطة القطار**

Me llamo …	ismi … **إسمي...**
¿Cómo se llama?	ma smuka? **ما اسمك؟**
¿Puede ayudarme, por favor?	sāʿidni min faḍlak **ساعدني من فضلك**
Tengo un problema.	ʿindi muʃkila **عندي مشكلة**
Me encuentro mal.	la aʃʿur bi χayr **لا أشعر بخير**
¡Llame a una ambulancia!	ittaṣil bil isʿāf! **إتصل بالإسعاف!**
¿Puedo llamar, por favor?	hal yumkinuni iʒrāʾ mukālama tilifūniyya? **هل يمكنني إجراء مكالمة هاتفية؟**

Lo siento.	ana ʾāṣif **أنا آسف**
De nada.	al ʿafw **العفو**

Yo	ana **أنا**
tú	anṭa **أنت**
él	huwa **هو**
ella	hiya **هي**
ellos	hum **هم**
ellas	hum **هم**
nosotros /nosotras/	naḥnu **نحن**
ustedes, vosotros	anṭum **أنتم**
usted	ḥaḍritak **حضرتك**

ENTRADA	duχūl **دخول**
SALIDA	χurūʒ **خروج**
FUERA DE SERVICIO	muʿaṭṭal **معطل**
CERRADO	muɣlaq **مغلق**

ABIERTO	maftūḥ مفتوح
PARA SEÑORAS	lis sayyidāt للسيدات
PARA CABALLEROS	lir riʒāl للرجال

Preguntas

¿Dónde?	ayna? أين؟
¿A dónde?	ila ayna? إلى أين؟
¿De dónde?	min ayna? من أين؟
¿Por qué?	limāða? لماذا؟
¿Con que razón?	li ayy sabab? لأي سبب؟
¿Cuándo?	mata? متى؟
¿Cuánto tiempo?	kam waqt? كم وقتا؟
¿A qué hora?	fi ayy sā'a? في أي ساعة؟
¿Cuánto?	bikam? بكم؟
¿Tiene ...?	hal 'indak ...? هل عندك ...؟
¿Dónde está ...?	ayna ...? أين ...؟
¿Qué hora es?	as sā'a kam? الساعة كم؟
¿Puedo llamar, por favor?	hal yumkinuni iʒrā' mukālama tilifūniyya? هل يمكنني إجراء مكالمة هاتفية؟
¿Quién es?	man hunāk? من هناك؟
¿Se puede fumar aquí?	hal yumkinuni at tadχīn huna? هل يمكنني التدخين هنا؟
¿Puedo ...?	hal yumkinuni ...? هل يمكنني ...؟

Necesidades

Quisiera …	urīd an … أريد أن...
No quiero …	la urīd an … لا أريد أن...
Tengo sed.	ana ʿatʃān أنا عطشان
Tengo sueño.	urīd an anām أريد أن أنام
Quiero …	urīd an … أريد أن...
lavarme	aɣtasil أغتسل
cepillarme los dientes	unazzif asnāni أنظف أسناني
descansar un momento	astarīḥ qalīlan أستريح قليلا
cambiarme de ropa	uɣayyir malābisi أغير ملابسي
volver al hotel	arʒiʿ ilal funduq أرجع إلى الفندق
comprar …	aʃtari … أشتري ...
ir a …	aðhab ila … أذهب إلى ...
visitar …	azūr … أزور ...
quedar con …	uqābil … أقابل ...
hacer una llamada	uʒri mukālama ḥātifiyya أجري مكالمة هاتفية
Estoy cansado /cansada/.	ana taʿibt أنا تعبت
Estamos cansados /cansadas/.	naḥnu taʿibna نحن تعبنا
Tengo frío.	ana bardān أنا بردان
Tengo calor.	ana ḥarrān أنا حران
Estoy bien.	ana bi χayr أنا بخير

Tengo que hacer una llamada.	aḥtāʒ ila iʒrā' mukālama hātifiyya أحتاج إلى إجراء مكالمة هاتفية
Necesito ir al servicio.	aḥtāʒ ila ḥammām أحتاج إلى حمام
Me tengo que ir.	yaʒib 'alayya an aðhab يجب علي أن أذهب
Me tengo que ir ahora.	yaʒib 'alayya an aðhab al 'ān يجب علي أن أذهب الآن

Preguntar por direcciones

Perdone, ...	law samaḥt, ... لو سمحت، ...
¿Dónde está ...?	ayna ...? أين ...؟
¿Por dónde está ...?	ayna aṭ ṭarīq ila ...? أين الطريق إلى ...؟
¿Puede ayudarme, por favor?	hal yumkinak musā'adati, min faḍlak? هل يمكنك مساعدتي، من فضلك؟
Busco ...	abḥaθ 'an ... أبحث عن ...
Busco la salida.	abḥaθ 'an ṭarīq al χurūʒ أبحث عن طريق الخروج
Voy a ...	ana ðāhib ila... أنا ذاهب إلى...
¿Voy bien por aquí para ...?	hal ana 'alaṭ ṭarīq as ṣaḥīḥ ila ...? هل أنا على الطريق الصحيح إلى... ؟
¿Está lejos?	hal huwa ba'īd? هل هو بعيد؟
¿Puedo llegar a pie?	hal yumkinuni an aṣil ila hunāk māʃiyan? هل يمكنني أن أصل إلى هناك ماشيا؟
¿Puede mostrarme en el mapa?	arīni 'alal χarīṭa min faḍlak أريني على الخريطة من فضلك
Por favor muestreme dónde estamos.	arīni naḥnu ayna al 'ān أريني أين نحن الآن
Aquí	huna هنا
Allí	hunāk هناك
Por aquí	min huna من هنا
Gire a la derecha.	in'aṭif yamīnan إنعطف يمينا
Gire a la izquierda.	in'aṭif yasāran إنعطف يسارا
la primera (segunda, tercera) calle	awwal (θāni, θāliθ) ʃāri' أول (ثاني، ثالث) شارع
a la derecha	ilal yamīn إلى اليمين

a la izquierda	ilal yasār **إلى اليسار**
Siga recto.	iðhab ilal amām mubāʃaratan **إذهب إلى أمام مباشرة**

Carteles

¡BIENVENIDO!	marḥaban مرحبا
ENTRADA	duχūl دخول
SALIDA	χurūʒ خروج
EMPUJAR	idfaʿ إدفع
TIRAR	isḥab إسحب
ABIERTO	maftūḥ مفتوح
CERRADO	muɣlaq مغلق
PARA SEÑORAS	lis sayyidāt للسيدات
PARA CABALLEROS	lir riʒāl للرجال
CABALLEROS	ar riʒāl الرجال
SEÑORAS	as sayyidāt السيدات
REBAJAS	taχfīḍāt تخفيضات
VENTA	ʾūkazyūn أوكازيون
GRATIS	maʒʒānan مجانا
¡NUEVO!	ʒadīd! جديد!
ATENCIÓN	intabih! إنتبه!
COMPLETO	la tūʒad ɣuraf χāliya لا توجد غرف خالية
RESERVADO	maḥʒūz محجوز
ADMINISTRACIÓN	al idāra الإدارة
SÓLO PERSONAL AUTORIZADO	lil ʿāmilīn faqaṭ للعاملين فقط

CUIDADO CON EL PERRO	iḥtaris min al kalb! إحترس من الكلب!
NO FUMAR	mamnūʿ at tadχīn! ممنوع التدخين!
NO TOCAR	mamnūʿ al lams! ممنوع اللمس!

PELIGROSO	χaṭīr خطير
PELIGRO	χaṭar خطر
ALTA TENSIÓN	ʒuhd ʿāli جهد عالي
PROHIBIDO BAÑARSE	mamnūʿ as sibāḥa! ممنوع السباحة!

FUERA DE SERVICIO	muʿaṭṭal معطل
INFLAMABLE	qābil lil iʃtiʿāl قابل للإشتعال
PROHIBIDO	mamnūʿ ممنوع
PROHIBIDO EL PASO	mamnūʿ at taʿaddi! ممنوع التعدي!
RECIÉN PINTADO	ṭilāʾ ḥadīθ طلاء حديث

CERRADO POR RENOVACIÓN	muɣlaq lit taʒdīdāt مغلق للتجديدات
EN OBRAS	amāmak aʿmāl fiṭ ṭarīq أمامك أعمال طرق
DESVÍO	taḥwīla تحويلة

Transporte. Frases generales

el avión	ṭā'ira **طائرة**
el tren	qiṭār **قطار**
el bus	ḥāfila **حافلة**
el ferry	safīna **سفينة**
el taxi	taksi **تاكسي**
el coche	sayyāra **سيارة**
el horario	ʒadwal **جدول**
¿Dónde puedo ver el horario?	ayna yumkinuni an ara al ʒadwal? **أين يمكنني أن أرى الجدول؟**
días laborables	ayyām al usbū' **أيام الأسبوع**
fines de semana	nihāyat al usbū' **نهاية الأسبوع**
días festivos	ayyām al 'uṭla ar rasmiyya **أيام العطلة الرسمية**
SALIDA	al muɣādara **المغادرة**
LLEGADA	al wuṣūl **الوصول**
RETRASADO	muta'aχχira **متأخرة**
CANCELADO	ulɣiyat **ألغيت**
siguiente (tren, etc.)	al qādim **القادم**
primero	al awwal **الأول**
último	al aχīr **الأخير**
¿Cuándo pasa el siguiente ...?	mata al ... al qādim? **متى الـ ... القادم؟**
¿Cuándo pasa el primer ...?	mata awwal ...? **متى أول ...؟**

¿Cuándo pasa el último ...?	mata 'āχir ...? **متى آخر ...؟**
el trasbordo (cambio de trenes, etc.)	taɣyīr **تغيير**
hacer un trasbordo	uɣạyyir **أغير**
¿Tengo que hacer un trasbordo?	hal yaʒib 'alayya taɣyīr al ...? **هل يجب علي تغيير الـ...؟**

Comprar billetes

¿Dónde puedo comprar un billete?	ayna yumkinuni ʃirā' tazākir? أين يمكنني شراء التذاكر؟
el billete	taðkara تذكرة
comprar un billete	ʃirā' at taðkira شراء تذكرة
precio del billete	si'r at taðkira سعر التذكرة
¿Para dónde?	ila ayna? إلى أين؟
¿A qué estación?	ila ayy maḥaṭṭa? إلى أي محطة؟
Necesito ...	ana urīd ... أنا أريد ...
un billete	taðkara wāḥida تذكرة واحدة
dos billetes	taðkaratayn تذكرتين
tres billetes	θalāθat taðākir ثلاث تذاكر
sólo ida	ðahāb faqaṭ ذهاب فقط
ida y vuelta	ðahāban wa iyāban ذهابا وإيابا
en primera (primera clase)	ad daraʒa al ūla الدرجة الأولى
en segunda (segunda clase)	ad daraʒa aθ θāniya الدرجة الثانية
hoy	al yawm اليوم
mañana	ɣadan غدا
pasado mañana	ba'd ɣad بعد غد
por la mañana	fiṣ ṣabāḥ في الصباح
por la tarde	ba'd aẓ ẓuhr بعد الظهر
por la noche	fil masā' في المساء

asiento de pasillo	maqʿad bi ʒānib al mamarr **مقعد بجانب الممر**
asiento de ventanilla	maqʿad bi ʒānib an nāfiða **مقعد بجانب النافذة**
¿Cuánto cuesta?	bikam? **بكم؟**
¿Puedo pagar con tarjeta?	hal yumkinuni an adfaʿ bi biṭāqat iʾtimān? **هل يمكنني أن أدفع ببطاقة إئتمان؟**

Autobús

el autobús	ḥāfila حافلة
el autobús interurbano	ḥāfila bayn al mudun حافلة بين المدن
la parada de autobús	mahaṭṭat al ḥāfilāt محطة الحافلات
¿Dónde está la parada de autobuses más cercana?	ayna aqrab mahaṭṭat al ḥāfilāt? أين أقرب محطة الحافلات؟
número	raqm رقم
¿Qué autobús tengo que tomar para ...?	ayy ḥāfila ta'χuðuni ila ...? أي حافلة تأخذني إلى...؟
¿Este autobús va a ...?	hal taðhab haðihil ḥāfila ila ...? هل تذهب هذه الحافلة إلى...؟
¿Cada cuanto pasa el autobús?	kam marra taðhab al ḥāfilāt? كم مرة تذهب الحافلات؟
cada 15 minutos	kull χams ʿaʃara daqīqa كل 15 دقيقة
cada media hora	kull niṣf sāʿa كل نصف ساعة
cada hora	kull sāʿa كل ساعة
varias veces al día	ʿiddat marrāt fil yawm عدة مرات في اليوم
... veces al día	... marrāt fil yawm ... مرات في اليوم
el horario	ʒadwal جدول
¿Dónde puedo ver el horario?	ayna yumkinuni an ara al ʒadwal? أين يمكنني أن أرى الجدول؟
¿Cuándo pasa el siguiente autobús?	mata al ḥāfila al qādima? متى الحافلة القادمة؟
¿Cuándo pasa el primer autobús?	mata awwal ḥāfila? متى أول حافلة؟
¿Cuándo pasa el último autobús?	mata 'āχir ḥāfila? متى آخر حافلة؟
la parada	mahaṭṭa محطة
la siguiente parada	al mahaṭṭa al qādima المحطة القادمة

la última parada	āχir maḥaṭṭa آخر محطة
Pare aquí, por favor.	qif huna min faḍlak قف هنا من فضلك
Perdone, esta es mi parada.	law samaḥt, haðihi maḥaṭṭati لو سمحت، هذه محطتي

Tren

el tren	qiṭār قطار
el tren de cercanías	qiṭār aḍ ḍawāḥi قطار الضواحي
el tren de larga distancia	qiṭār al masāfāt aṭ ṭawīla قطار المسافات الطويلة
la estación de tren	maḥaṭṭat al qiṭārāt محطة القطارات
Perdone, ¿dónde está la salida al anden?	law samaḥt, ayna aṭ ṭarīq ilar raṣīf لو سمحت، أين الطريق إلى الرصيف؟
¿Este tren va a ...?	ha yatawaʒʒah haðal qiṭār ila ...? هل يتوجه هذا القطار إلى ...؟
el siguiente tren	al qiṭār al qādim القطار القادم
¿Cuándo pasa el siguiente tren?	mata al qiṭār al qādim? متى القطار القادم؟
¿Dónde puedo ver el horario?	ayna yumkinuni an ara al ʒadwal? أين يمكنني أن أرى الجدول؟
¿De qué andén?	min ayy raṣīf? من أي رصيف؟
¿Cuándo llega el tren a ...?	mata yaṣil al qiṭār ila ...? متى يصل القطار إلى... ؟
Ayudeme, por favor.	sāʿidni min faḍlak ساعدني من فضلك
Busco mi asiento.	ana abḥaθ ʿan maqʿadi أنا أبحث عن مقعدي
Buscamos nuestros asientos.	naḥnu nabḥaθ ʿan maqāʿidina نحن نبحث عن مقاعدنا
Mi asiento está ocupado.	maqʿadi maʃɣūl مقعدي مشغول
Nuestros asientos están ocupados.	maqāʿiduna maʃɣūla مقاعدنا مشغولة
Perdone, pero ese es mi asiento.	ana ʾāsif lakin haða maqʿadi أنا آسف، ولكن هذا مقعدي
¿Está libre?	hal haðal maqʿad maḥʒūz? هل هذا المقعد محجوز؟
¿Puedo sentarme aquí?	hal yumkinuni an aqʿud huna? هل يمكنني أن أقعد هنا؟

En el tren. Diálogo (Sin billete)

Su billete, por favor.	taðākir min faḍlak تذاكر من فضلك
No tengo billete.	laysat ʿindi taðkira ليست عندي تذكرة
He perdido mi billete.	taðkarati ḍāʿat تذكرتي ضاعت
He olvidado mi billete en casa.	nasīt taðkirati fil bayt نسيت تذكرتي في البيت
Le puedo vender un billete.	yumkinak an taʃtari minni taðkira يمكنك أن تشتري مني تذكرة
También deberá pagar una multa.	kama yaʒib ʿalayk an tadfaʿ ɣarāma كما يجب عليك أن تدفع غرامة
Vale.	ḥasanan حسنا
¿A dónde va usted?	ila ayna taðhab? إلى أين تذهب؟
Voy a ...	aðhab ila ... أذهب إلى ...
¿Cuánto es? No lo entiendo.	bikam? ana la afham بكم؟ أنا لا أفهم
Escríbalo, por favor.	uktubha min faḍlak إكتبها من فضلك
Vale. ¿Puedo pagar con tarjeta?	ḥasanan. hal yumkinuni an adfaʿ bi bitāqat iʾtimān? حسنا. هل يمكنني أن أدفع ببطاقة إئتمان؟
Sí, puede.	naʿam yumkinuk نعم يمكنك
Aquí está su recibo.	tafaḍḍal al ʾīṣāl تفضل الإيصال
Disculpe por la multa.	ʾāsif bi χuṣūṣ al ɣarāma أنا آسف بخصوص الغرامة
No pasa nada. Fue culpa mía.	laysa hunāk ayy muʃkila. haðihi ɣalṭati ليس هناك أي مشكلة. هذه غلطتي
Disfrute su viaje.	istamtaʿ bi riḥlatak إستمتع برحلتك

Taxi

taxi	taksi **تاكسي**
taxista	sāʾiq at taksi **سائق التاكسي**
coger un taxi	ʾāχuð taksi **أخذ تاكسي**
parada de taxis	mawqif taksi **موقف تاكسي**
¿Dónde puedo coger un taxi?	ayna yumkinuni an ʾāχuð taksi? **أين يمكنني أن آخذ تاكسي؟**
llamar a un taxi	ṭalab taksi **طلب تاكسي**
Necesito un taxi.	aḥtāʒ ila taksi **أحتاج إلى تاكسي**
Ahora mismo.	al ʾān **الآن**
¿Cuál es su dirección?	ma huwa ʿunwānak? **ما هو عنوانك؟**
Mi dirección es …	ʿunwāni fi … **عنواني في …**
¿Cuál es el destino?	ila ayna taðhab? **إلى أين تذهب؟**

Perdone, …	law samaḥt, … **لو سمحت، …**
¿Está libre?	hal anta fādy? **هل أنت فاضي؟**
¿Cuánto cuesta ir a …?	kam adfaʿ li aṣil ila …? **كم أدفع لأصل إلى…؟**
¿Sabe usted dónde está?	hal taʿrif ayna hiya? **هل تعرف أين هي؟**

Al aeropuerto, por favor.	ilal maṭār min faḍlak **إلى المطار من فضلك**
Pare aquí, por favor.	qif huna min faḍlak **قف هنا، من فضلك**
No es aquí.	innaha laysat huna **إنها ليست هنا**
La dirección no es correcta.	al ʿunwān χāṭiʾ **العنوان خاطئ**
Gire a la izquierda.	inʿaṭif ilal yasār **إنعطف إلى اليسار**
Gire a la derecha.	inʿaṭif ilal yamīn **إنعطف إلى اليمين**

¿Cuánto le debo?	kam ana mudīn lak? كم أنا مدين لك؟
¿Me da un recibo, por favor?	aʿṭini ʾīṣāl min faḍlak. أعطني إيصالا، من فضلك.
Quédese con el cambio.	iḥtafiẓ bil bāqi إحتفظ بالباقي

Espéreme, por favor.	intaẓirni min faḍlak إنتظرني من فضلك
cinco minutos	χams daqāʾiq خمس دقائق
diez minutos	ʿaʃar daqāʾiq عشر دقائق
quince minutos	rubʿ sāʿa ربع ساعة
veinte minutos	θulθ sāʿa ثلث ساعة
media hora	niṣf sāʿa نصف ساعة

Hotel

Hola.	as salāmu ʿalaykum السلام عليكم
Me llamo …	ismi … إسمي …
Tengo una reserva.	ʿindi ḥaʒz لدي حجز

Necesito …	urīd … أريد …
una habitación individual	ɣurfa li ʃaχṣ wāḥid غرفة لشخص واحد
una habitación doble	ɣurfa li ʃaχṣayn غرفة لشخصين
¿Cuánto cuesta?	kam siʿruha? كم سعرها؟
Es un poco caro.	hiya ɣāliya هي غالية

¿Tiene alguna más?	hal ʿindak χiyārāt uχra? هل عندك خيارات أخرى؟
Me quedo.	āχuðuha آخذها
Pagaré en efectivo.	adfaʿ naqdan أدفع نقدا

Tengo un problema.	ʿindi muʃkila عندي مشكلة
Mi … no funciona.	… muʿaṭṭal … معطل
Mi … está fuera de servicio.	… muʿaṭṭal /muʿaṭṭala/ … معطل /معطلة/
televisión	at tilivizyūn التليفزيون
aire acondicionado	at takyīf التكييف
grifo	al ḥanafiyya الحنفية

ducha	ad duʃ الدوش
lavabo	al ḥawḍ الحوض
caja fuerte	al χazīna الخزينة

cerradura	qifl al bāb قفل الباب
enchufe	maχraʒ al kahrabā' مخرج الكهرباء
secador de pelo	muʒaffif aʃ ʃa'r مجفف الشعر
No tengo ...	laysa ladayya ... ليس لدي ...
agua	mā' ماء
luz	nūr نور
electricidad	kahrabā' كهرباء
¿Me puede dar ...?	hal yumkinak an ta'ṭīni ...? هل يمكنك أن تعطيني ...؟
una toalla	fūṭa فوطة
una sábana	baṭṭāniyya بطانية
unas chanclas	ʃabāʃib شباشب
un albornoz	rūb روب
un champú	ʃambu شامبو
jabón	ṣābūn صابون
Quisiera cambiar de habitación.	urīd an uɣayyir al ɣurfa أريد أن أغير الغرفة
No puedo encontrar mi llave.	la astaṭī' an aʒid miftāḥi لا أستطيع أن أجد مفتاحي
Por favor abra mi habitación.	iftaḥ ɣurfati min faḍlak إفتح غرفتي من فضلك
¿Quién es?	man hunāk? من هناك؟
¡Entre!	tafaḍḍal! تفضل!
¡Un momento!	daqīqa wāḥida! دقيقة واحدة!
Ahora no, por favor.	laysa al 'ān min faḍlak ليس الآن من فضلك
Venga a mi habitación, por favor.	ta'āla ila ɣurfati law samaḥt تعال إلى غرفتي لو سمحت
Quisiera hacer un pedido.	urīd an yuḥḍar aṭ ṭa'ām ila ɣurfati أريد أن يحضر الطعام إلى غرفتي
Mi número de habitación es ...	raqm gurfati huwa ... رقم غرفتي هو ...

Me voy ...	uɣādir ... **أغادر ...**
Nos vamos ...	nuɣādir ... **نغادر ...**
Ahora mismo	al 'ān **الآن**
esta tarde	ba'd aẓ ẓuhr **بعد الظهر**
esta noche	masā' al yawm **مساء اليوم**
mañana	ɣadan **غدا**
mañana por la mañana	ṣabāḥ al ɣad **صباح الغد**
mañana por la noche	masā' al ɣad **مساء الغد**
pasado mañana	ba'd ɣad **بعد غد**

Quisiera pagar la cuenta.	urīd an adfa' **أريد أن أدفع**
Todo ha estado estupendo.	kull ʃay' kān rā'i' **كل شيء كان رائعا**
¿Dónde puedo coger un taxi?	ayna yumkinuni an 'āχuð taksi? **أين يمكنني أن آخذ تاكسي؟**
¿Puede llamarme un taxi, por favor?	hal yumkinak an taṭlub li taksi law samaḥt? **هل يمكنك أن تطلب لي تاكسي لو سمحت؟**

Restaurante

¿Puedo ver el menú, por favor?	hal yumkinuni an ara qāʾimat aṭ ṭaʿām min faḍlak? هل يمكنني أن أرى قائمة الطعام من فضلك؟
Mesa para uno.	māʾida li ʃaχṣ wāḥid مائدة لشخص واحد
Somos dos (tres, cuatro).	naḥnu iθnān (θalāθa, arbaʿa) نحن إثنان (ثلاثة، أربعة)
Para fumadores	lil mudaχχinīn للمدخنين
Para no fumadores	li ɣayr al mudaχχinīn لغير المدخنين
¡Por favor! (llamar al camarero)	law samaḥt لو سمحت
la carta	qāʾimat aṭ ṭaʿām قائمة الطعام
la carta de vinos	qāʾimat an nabīð قائمة النبيذ
La carta, por favor.	al qāʾima, law samaḥt القائمة، لو سمحت
¿Está listo para pedir?	hal anta mustaʿidd liṭ ṭalab? هل أنت مستعد للطلب؟
¿Qué quieren pedir?	māða tāʾχuð? ماذا تأخذ؟
Yo quiero …	ana ʾāhχuð … أنا آخذ …
Soy vegetariano.	ana nabātiy أنا نباتي
carne	laḥm لحم
pescado	samak سمك
verduras	χuḍār خضار
¿Tiene platos para vegetarianos?	hal ʿindak aṭbāq nabātiyya? هل عندك أطباق نباتية؟
No como cerdo.	la ʾākul al χinzīr لا آكل لحم الخنزير
Él /Ella/ no come carne.	huwa la yaʾkul /hiya la taʾkul / al laḥm هو لا يأكل /هي لا تأكل/ اللحم

Soy alérgico a …	ʿindi ḥassāsiyya ḍidda … عندي حساسية ضد …
¿Me puede traer …, por favor?	aḥḍir li … min faḍlak أحضر لي... من فضلك
sal | pimienta | azúcar	milḥ | filfil | sukkar ملح ا فلفل ا سكر
café | té | postre	qahwa | ʃāy | ḥalwa قهوة ا شاي ا حلوى
agua | con gas | sin gas	miyāh | ɣāziyya | bidūn ɣāz مياه ا غازية ا بدون غاز
una cuchara | un tenedor | un cuchillo	milʿaqa | ʃawka | sikkīn ملعقة ا شوكة ا سكين
un plato | una servilleta	ṭabaq | fūṭa طبق افوطة

¡Buen provecho!	bil hināʾ waʃ ʃifāʾ بالهناء والشفاء
Uno más, por favor.	wāḥida kamān law samaḥt واحدة كمان من فضلك
Estaba delicioso.	kānat laðīða giddan كانت لذيذة جدا

la cuenta | el cambio | la propina	ḥisāb | fakka | baqʃīʃ حساب افكة ابقشيش
La cuenta, por favor.	aḥḍir li al ḥisāb min faḍlak? أحضر لي الحساب من فضلك
¿Puedo pagar con tarjeta?	hal yumkinuni an adfaʿ bi biṭāqat iʾtimān? هل يمكنني أن أدفع ببطاقة إئتمان؟
Perdone, aquí hay un error.	ana ʾāsif, hunāk xaṭaʾ أنا آسف، هناك خطأ

De Compras

¿Puedo ayudarle?	momken usāʿidak? هل أستطيع أن أساعدك؟
¿Tiene ...?	hal ʿindak ...? هل عندك ...؟
Busco ...	ana abḥaθ ʿan ... أنا أبحث عن ...
Necesito ...	urīd ... أريد ...

Sólo estoy mirando.	ana faqat anẓur أنا فقط أنظر
Sólo estamos mirando.	naḥnu faqat nanẓur نحن فقط ننظر
Volveré más tarde.	sa'aʿūd lāḥiqan سأعود لاحقا
Volveremos más tarde.	sanaʿūd lāḥiqan سنعود لاحقا
descuentos | oferta	taχfīḍāt | ʾūkazyūn تخفيضات أوكازيون

Por favor, enséñeme ...	arīni ... min faḍlak أريني ... من فضلك
¿Me puede dar ..., por favor?	aʿṭini ... min faḍlak أعطني ... من فضلك
¿Puedo probarmelo?	hal yumkin an uʒarribahu? هل يمكن أن أجربه؟
Perdone, ¿dónde están los probadores?	law samaḥt, ayna ɣurfat al qiyās? لو سمحت، أين غرفة القياس؟
¿Qué color le gustaría?	ayy lawn turīd? أي لون تريد؟
la talla | el largo	maqās | ṭūl مقاس طول
¿Cómo le queda? (¿Está bien?)	hal yunāsibak? هل يناسبك؟

¿Cuánto cuesta esto?	bikam? بكم؟
Es muy caro.	haða ɣāli ʒiddan هذا غال جدا
Me lo llevo.	aʃtarīhi أشتريه
Perdone, ¿dónde está la caja?	ayna yumkinuni an adfaʿ law samaḥt? أين يمكنني أن أدفع لو سمحت؟

¿Pagará en efectivo o con tarjeta?	hal tadfaʿ naqdan aw bi biṭāqat iʾtimān? **هل تدفع نقداً أو ببطاقة إئتمان؟**
en efectivo | con tarjeta	naqdan | bi biṭāqat iʾtimān **نقداً | ببطاقة إئتمان**

¿Quiere el recibo?	hal turīd ʾīṣāl? **هل تريد إيصالاً؟**
Sí, por favor.	naʿam, min faḍlak **نعم، من فضلك**
No, gracias.	la, laysa hunāk ayy moʃkila **لا، ليس هناك أي مشكلة**
Gracias. ¡Que tenga un buen día!	ʃukran. yawmak saʿīd **شكراً. يومك سعيد**

En la ciudad

Perdone, por favor.	law samaḥt لو سمحت
Busco …	ana abḥaθ ʿan … أنا أبحث عن …
el metro	mitru al anfāq مترو الأنفاق
mi hotel	funduqi فندقي

el cine	as sinima السينما
una parada de taxis	mawqif taksi موقف تاكسي
un cajero automático	mākīnat ṣarrāf ʾāliy ماكينة صراف آلي
una oficina de cambio	maktab ṣarrāfa مكتب صرافة

un cibercafé	maqha intirnit مقهى انترنت
la calle …	ʃāriʿ… شارع …
este lugar	haðal makān هذا المكان

¿Sabe usted dónde está …?	hal taʿrif ayna …? هل تعرف أين …؟
¿Cómo se llama esta calle?	ma ism haðaʃ ʃāriʿ? ما اسم هذا الشارع؟
Muestreme dónde estamos ahora.	arīni naḥnu ayna al ʾān? أريني أين نحن الآن؟
¿Puedo llegar a pie?	hal yumkinuni an aṣil ila hunāk māʃiyan? هل يمكنني أن أصل إلى هناك ماشيا؟
¿Tiene un mapa de la ciudad?	hal ʿindak χarīṭa lil madīna? هل عندك خريطة للمدينة؟

¿Cuánto cuesta la entrada?	bikam taðkarat ad duχūl? بكم تذكرة الدخول؟
¿Se pueden hacer fotos aquí?	hal yumkinuni at taṣwīr huna? هل يمكنني التصوير هنا؟
¿Está abierto?	hal ... maftūḥ? هل ... مفتوح؟

¿A qué hora abren?	mata taftaḥūn? **متى تفتحون؟**
¿A qué hora cierran?	mata tuɣliqūn? **متى تغلقون؟**

Dinero

dinero
nuqūd
نقود

efectivo
naqd
نقد

billetes
ʿumla waraqiyya
عملة ورقية

monedas
fakka
فكة

la cuenta | el cambio | la propina
ḥisāb | fakka | baqʃīʃ
حساب | فكة | بقشيش

---

la tarjeta de crédito
bitāqat iʾtimān
بطاقة إئتمان

la cartera
maḥfaẓat nuqūd
محفظة نقود

comprar
ʃirāʾ
شراء

pagar
dafʿ
دفع

la multa
ɣarāma
غرامة

gratis
maʒʒānan
مجانا

¿Dónde puedo comprar ...?
ayna yumkinuni ʃirāʾ ...?
أين يمكنني شراء ...؟

¿Está el banco abierto ahora?
hal al bank maftūḥ al ʾān?
هل البنك مفتوح الآن؟

¿A qué hora abre?
mata taftaḥ?
متى يفتح؟

¿A qué hora cierra?
mata yuɣliq?
متى يغلق؟

¿Cuánto cuesta?
bikam?
بكم؟

¿Cuánto cuesta esto?
bikam haða?
بكم هذا؟

Es muy caro.
haða ɣāli ʒiddan
هذا غال جدا

Perdone, ¿dónde está la caja?
ayna yumkinuni an adfaʿ law samaḥt?
أين يمكنني أن أدفع لو سمحت؟

La cuenta, por favor.
al ḥisāb min faḍlak
الحساب من فضلك

¿Puedo pagar con tarjeta?	hal yumkinuni an adfaʿ bi biṭāqat iʾtimān? هل يمكنني أن أدفع ببطاقة إئتمان؟
¿Hay un cajero por aquí?	hal tūʒad huna mākīnat ṣarrāf ʾāliy? هل توجد هنا ماكينة صراف آلي؟
Busco un cajero automático.	ana abḥaθ ʿan mākīnat ṣarrāf ʾāliy أنا أبحث عن ماكينة صراف آلي

Busco una oficina de cambio.	ana abḥaθ ʿan maktab ṣarrāfa أنا أبحث عن مكتب صرافة
Quisiera cambiar …	urīd taɣyīr … أريد تغيير …
¿Cuál es el tipo de cambio?	kam siʿr al ʿumla? كم سعر العملة؟
¿Necesita mi pasaporte?	hal taḥtāʒ ila ʒawāz safari? هل تحتاج إلى جواز سفري؟

Tiempo

¿Qué hora es?	as sāʿa kam? الساعة كم؟
¿Cuándo?	mata? متى؟
¿A qué hora?	fi ayy sāʿa? في أي ساعة؟
ahora | luego | después de ...	al ʾān | fi waqt lāḥiq | baʿd ... الآن | في وقت لاحق | بعد ...
la una	as sāʿa al wāḥida الساعة الواحدة
la una y cuarto	as sāʿa al wāḥida wa ar rubʿ الساعة الواحدة والربع
la una y medio	as sāʿa al wāḥida wa an niṣf الساعة الواحدة والنصف
las dos menos cuarto	as sāʿa aθ θāniya illa rubʿ الساعة الثانية إلا ربعا
una | dos | tres	al wāḥida | aθ θāniya | aθ θāliθa الواحدة | الثانية | الثالثة
cuatro | cinco | seis	ar rābiʿa | al χāmisa | as sādisa الرابعة | الخامسة | السادسة
siete | ocho | nueve	as sābiʿa | aθ θāmina | at tāsiʿa السابعة | الثامنة | التاسعة
diez | once | doce	al ʿāʃira | al ḥādiya ʿaʃara | aθ θāniya ʿaʃara العاشرة | الحادية عشرة | الثانية عشرة
en ...	baʿd ... بعد ...
cinco minutos	χams daqāʾiq خمس دقائق
diez minutos	ʿaʃar daqāʾiq عشر دقائق
quince minutos	rubʿ sāʿa ربع ساعة
veinte minutos	θulθ sāʿa ثلث ساعة
media hora	niṣf sāʿa نصف ساعة
una hora	sāʿa ساعة

por la mañana	fiṣ ṣabāḥ **في الصباح**
por la mañana temprano	fiṣ ṣabāḥ al bākir **في الصباح الباكر**
esta mañana	ṣabāḥ al yawm **صباح اليوم**
mañana por la mañana	ṣabāḥ al ɣad **صباح الغد**

al mediodía	fi muntaṣif an nahār **في منتصف النهار**
por la tarde	baʿd aẓ ẓuhr **بعد الظهر**
por la noche	fil masāʾ **في المساء**
esta noche	masāʾ al yawm **مساء اليوم**

por la noche	bil layl **بالليل**
ayer	amṣ **أمس**
hoy	al yawm **اليوم**
mañana	ɣadan **غداً**
pasado mañana	baʿd ɣad **بعد غد**

¿Qué día es hoy?	fi ayy yawm naḥnu? **في أي يوم نحن؟**
Es …	naḥnu fi … **نحن في …**
lunes	al iθnayn **الإثنين**
martes	aθ θulāθāʾ **الثلاثاء**
miércoles	al ʾarbiʿāʾ **الأربعاء**

jueves	al χamīs **الخميس**
viernes	al ʒumʿa **الجمعة**
sábado	as sabt **السبت**
domingo	al aḥad **الأحد**

Saludos. Presentaciones.

Hola.	as salāmu ʿalaykum السلام عليكم
Encantado /Encantada/ de conocerle.	ana saʿīd ʒiddan bi liqāʾik أنا سعيد جدا بلقائك
Yo también.	ana asʿad أنا أسعد
Le presento a …	awudd an uʿarrifak bi … أود أن أعرفك بـ …
Encantado.	furṣa saʿīda فرصة سعيدة
¿Cómo está?	kayf ḥālak? كيف حالك؟
Me llamo …	ismi … أسمي …
Se llama …	ismuhu … إسمه …
Se llama …	ismuha … إسمها …
¿Cómo se llama (usted)?	ma smuka? ما اسمك؟
¿Cómo se llama (él)?	ma smuhu? ما اسمه؟
¿Cómo se llama (ella)?	ma smuha? ما اسمها؟
¿Cuál es su apellido?	ma huwa ism ʿāʾilatak? ما هو إسم عائلتك؟
Puede llamarme …	yumkinak an tunādīni bi… يمكنك أن تناديني بـ…
¿De dónde es usted?	min ayna anta? من أين أنت؟
Yo soy de ….	ana min … أنا من …
¿A qué se dedica?	māða taʿmal? ماذا تعمل؟
¿Quién es?	man haða من هذا؟
¿Quién es él?	man huwa? من هو؟
¿Quién es ella?	man hiya? من هي؟
¿Quiénes son?	man hum? من هم؟

Este es ...	haða huwa /haðihi hiya/ ... هذا هو /هذه هي... /
mi amigo	ṣadīqi صديقي
mi amiga	ṣadīqati صديقتي
mi marido	zawʒi زوجي
mi mujer	zawʒati زوجتي

mi padre	abi أبي
mi madre	ummi أمي
mi hermano	aχi أخي
mi hijo	ibni إبني
mi hija	ibnati إبنتي

Este es nuestro hijo.	haða huwa ibnuna هذا هو ابننا
Esta es nuestra hija.	haðihi hiya ibnatuna هذه هي ابنتنا
Estos son mis hijos.	haʾulāʾ awlādi هؤلاء أولادي
Estos son nuestros hijos.	haʾulāʾ awlāduna هؤلاء أولادنا

Despedidas

¡Adiós!	as salāmu ʿalaykum السلام عليكم
¡Chau!	maʿ as salāma مع السلامة
Hasta mañana.	ilal liqāʾ ɣadan إلى اللقاء غدا
Hasta pronto.	ilal liqāʾ إلى اللقاء
Te veo a las siete.	ilal liqāʾ as sāʿa as sābiʿa إلى اللقاء الساعة السابعة
¡Que se diviertan!	atamanna laka waqtan ṭayyiban! أتمنى لكم وقتا طيبا!
Hablamos más tarde.	ukallimuka lāḥiqan أكلمك لاحقا
Que tengas un buen fin de semana.	ʿuṭlat usbūʿ saʿīda عطلة أسبوع سعيدة
Buenas noches.	taṣbaḥ ʿala χayr تصبح على خير
Es hora de irme.	innahu waqt ðahābi إنه وقت ذهابي
Tengo que irme.	yaʒib ʿalayya an aðhab يجب علي أن أذهب
Ahora vuelvo.	saʾaʿūd ḥālan سأعود حالا
Es tarde.	al waqt mutaʾaχχar الوقت متأخر
Tengo que levantarme temprano.	yaʒib ʿalayya an anhaḍ bākiran يجب علي أن أنهض باكرا
Me voy mañana.	innani uɣādir ɣadan إنني أغادر غدا
Nos vamos mañana.	innana nuɣādir ɣadan إننا نغادر غدا
¡Que tenga un buen viaje!	riḥla saʿīda! رحلة سعيدة!
Ha sido un placer.	furṣa saʿīda فرصة سعيدة
Fue un placer hablar con usted.	kān laṭīf at taḥadduθ maʿak كان لطيفا التحدث معك
Gracias por todo.	ʃukran ʿala kull ʃayʾ شكرا على كل شيء

Lo he pasado muy bien.	qaḍayt waqt ʒayyidan **قضيت وقتا جيدا**
Lo pasamos muy bien.	qaḍayna waqt ʒayyidan **قضينا وقتا جيدا**
Fue genial.	kull ʃay' kān rā'i' **كل شيء كان رائعا**
Le voy a echar de menos.	sa'aʃtāq ilayk **سأشتاق إليك**
Le vamos a echar de menos.	sanaʃtāq ilayk **سنشتاق إليك**

¡Suerte!	bit tawfīq! ma' as salāma! **بالتوفيق! مع السلامة!**
Saludos a ...	taḥīyyāti li ... **تحياتي لـ...**

Idioma extranjero

No entiendo.	ana la afham أنا لا أفهم
Escríbalo, por favor.	uktubha min faḍlak إكتبها من فضلك
¿Habla usted …?	hal tatakallam bi …? هل تتكلم بـ...؟
Hablo un poco de …	atakallam bi … qalīlan أتكلم بـ ... قليلا
inglés	al inʒilīziyya الإنجليزية
turco	at turkiyya التركية
árabe	al ʿarabiyya العربية
francés	al faransiyya الفرنسية
alemán	al almāniyya الألمانية
italiano	al iṭāliyya الإيطالية
español	al isbāniyya الإسبانية
portugués	al burtuɣāliyya البرتغالية
chino	aṣ ṣīniyya الصينية
japonés	al yabāniyya اليابانية
¿Puede repetirlo, por favor?	hal yumkinuka tikrār min faḍlak? هل يمكنك تكرار من فضلك؟
Lo entiendo.	ana afham انا أفهم
No entiendo.	ana la afham أنا لا أفهم
Hable más despacio, por favor.	takallam bi buṭʾ akθar min faḍlak تكلم ببطء أكثر من فضلك
¿Está bien?	hal haða ṣaḥīḥ? هل هذا صحيح؟
¿Qué es esto? (¿Que significa esto?)	māða yaʿni? ماذا يعني؟

Disculpas

Perdone, por favor.	la tu'āχiðni min faḍlak **لا تؤاخذني من فضلك**
Lo siento.	ana 'āṣif **أنا آسف**
Lo siento mucho.	ana 'āsif ʒiddan **أنا آسف جدا**
Perdón, fue culpa mía.	ana 'āsif innaha ɣalṭati **أنا آسف، إنها غلطتي**
Culpa mía.	χaṭa'i **خطئي**
¿Puedo ...?	hal yumkinuni ...? **هل يمكنني ...؟**
¿Le molesta si ...?	hal tumāni' law ...? **هل تمانع لو ...؟**
¡No hay problema! (No pasa nada.)	laysa hunāk ayy muʃkila **ليس هناك أي مشكلة**
Todo está bien.	kull ʃay' 'ala ma yurām **كل شيء على ما يرام**
No se preocupe.	la taqlaq **لا تقلق**

Acuerdos

Sí.	naʿam نعم
Sí, claro.	aʒl أجل
Bien.	ḥasanan حسنا
Muy bien.	ʒayyid ʒiddan جيد جدا
¡Claro que sí!	bit taʾkīd! بالتأكيد!
Estoy de acuerdo.	ana muwāfiq أنا موافق

Es verdad.	haða ṣaḥīḥ هذا صحيح
Es correcto.	haða ṣaḥīḥ هذا صحيح
Tiene razón.	kalāmak ṣaḥīḥ كلامك صحيح
No me molesta.	ana la umāniʿ أنا لا أمانع
Es completamente cierto.	anta muḥiqq tamāman أنت محق تماما

Es posible.	innahu min al mumkin إنه من الممكن
Es una buena idea.	innaha fikra ʒayyida إنها فكرة جيدة
No puedo decir que no.	la astaṭīʿ an aqūl la لا أستطيع أن أقول لا
Estaré encantado /encantada/.	saʾakūn saʿīdan سأكون سعيدا
Será un placer.	bi kull surūr بكل سرور

Rechazo. Expresar duda

No.	la لا
Claro que no.	ṭab'an la طبعا لا
No estoy de acuerdo.	lastu muwāfiq لست موافقا
No lo creo.	la aẓunn ðalika لا أظن ذلك
No es verdad.	laysa haða ṣaḥīḥ ليس هذا صحيحا
No tiene razón.	axṭa'ta أخطأت
Creo que no tiene razón.	aẓunn annaka axṭa't أظن أنك أخطأت
No estoy seguro /segura/.	lastu muta'akkid لست متأكدا
No es posible.	haða mustaḥīl هذا مستحيل
¡Nada de eso!	la ʃay' min haðan naw' لا شيء من هذا النوع
Justo lo contrario.	al 'aks tamāman العكس تماما
Estoy en contra de ello.	ana ḍidda ðalika أنا ضد ذلك
No me importa. (Me da igual.)	la yuhimmuni ðalika لا يهمني ذلك
No tengo ni idea.	laysa ladayya ayy fikra ليس لدي أي فكرة
Dudo que sea así.	aʃukk fe ðalik أشك في ذلك
Lo siento, no puedo.	'āsif la astaṭī' آسف، لا أستطيع
Lo siento, no quiero.	'āsif la urīd ðalika آسف، لا أريد ذلك
Gracias, pero no lo necesito.	ʃukran, wa lakinnani la aḥtāʒ ila ðalika شكرا، ولكنني لا أحتاج إلى ذلك
Ya es tarde.	al waqt muta'axxar الوقت متأخر

Tengo que levantarme temprano.	yaʒib ʿalayya an anhaḍ bākiran **يجب علي أن أنهض باكرا**
Me encuentro mal.	la aʃur bi xayr **لا أشعر بخير**

Expresar gratitud

Gracias.	ʃukran **شكرا**
Muchas gracias.	ʃukran ʒazīlan **شكرا جزيلا**
De verdad lo aprecio.	ana uqaddir ðalika ḥaqqan **أنا أقدر ذلك حقا**
Se lo agradezco.	ana mumtann lak ʒiddan **أنا ممتن لك جدا**
Se lo agradecemos.	naḥnu mumtannīn lak ʒiddan **نحن ممتنون لك جدا**
Gracias por su tiempo.	ʃukran ʿala waqtak **شكرا على وقتك**
Gracias por todo.	ʃukran ʿala kull ʃayʾ **شكرا على كل شيء**
Gracias por ...	ʃukran ʿala ... **شكرا على ...**
su ayuda	musāʿadatak **مساعدتك**
tan agradable momento	al waqt al laṭīf **الوقت اللطيف**
una comida estupenda	waʒba rāʾiʿa **وجبة رائعة**
una velada tan agradable	amsiyya mumtiʿa **أمسية ممتعة**
un día maravilloso	yawm rāʾiʿ **يوم رائع**
un viaje increíble	riḥla mudhiʃa **رحلة مدهشة**
No hay de qué.	la ʃukr ʿala wāʒib **لا شكر على واجب**
De nada.	al ʿafw **العفو**
Siempre a su disposición	fi ayy waqt **في أي وقت**
Encantado /Encantada/ de ayudarle.	bi kull surūr **بكل سرور**
No hay de qué.	insa al amr **إنس الأمر**
No tiene importancia.	la taqlaq **لا تقلق**

Felicitaciones , Mejores Deseos

¡Felicidades!	uhanni'uka! أهنئك!
¡Feliz Cumpleaños!	ʿīd milād saʿīd! عيد ميلاد سعيد!
¡Feliz Navidad!	ʿīd milād saʿīd! عيد ميلاد سعيد!
¡Feliz Año Nuevo!	sana ʒadīda saʿīda! سنة جديدة سعيدة!
¡Felices Pascuas!	ʿīd fiṣḥ saʿīd! عيد فصح سعيد!
¡Feliz Hanukkah!	hanūka saʿīda! هانوكا سعيدة!
Quiero brindar.	awudd an aqtariḥ naχb أود أن أقترح نخبا
¡Salud!	fi siḥḥatak في صحتك
¡Brindemos por ...!	daʿawna naʃrab fi ...! دعونا نشرب في ...!
¡A nuestro éxito!	naʒāḥna نجاحنا
¡A su éxito!	naʒāḥak نجاحك
¡Suerte!	bit tawfīq! بالتوفيق!
¡Que tenga un buen día!	atamanna laka nahāran saʿīdan! أتمنى لك نهارا سعيدا!
¡Que tenga unas buenas vacaciones!	atamanna laka ʿuṭla ṭayyiba! أتمنى لك عطلة طيبة!
¡Que tenga un buen viaje!	atamanna laka riḥla āmina! أتمنى لك رحلة آمنة!
¡Espero que se recupere pronto!	atamanna bi annaka satataḥassan qarīban أتمنى بأنك ستتحسن قريبا

Socializarse

¿Por qué está triste?	limāða anta ḥazīn? **لماذا أنت حزين؟**
¡Sonría! ¡Animese!	ibtasim! **إبتسم!**
¿Está libre esta noche?	hal anta ḥurr haðihil layla? **هل أنت حر هذه الليلة؟**
¿Puedo ofrecerle algo de beber?	hal tawudd an taʃrab ʃay'? **هل تود أن تشرب شيئا؟**
¿Querría bailar conmigo?	hal tawudd an tarquṣ? **هل تود أن ترقص؟**
Vamos a ir al cine.	daʿawna naðhab ilas sinima **دعونا نذهب إلى السينما**
¿Puedo invitarle a ...?	hal yumkinuni an adʿūk ila ...? **هل يمكنني أن أدعوك إلى ...؟**
un restaurante	maṭʿam **مطعم**
el cine	as sinima **السينما**
el teatro	al masraḥ **المسرح**
dar una vuelta	tamʃiya **تمشية**
¿A qué hora?	fi ayy sāʿa? **في أي ساعة؟**
esta noche	haðal masā' **هذا المساء**
a las seis	as sāʿa as sādisa **الساعة السادسة**
a las siete	as sāʿa as sābiʿa **الساعة السابعة**
a las ocho	as sāʿa aθ θāmina **الساعة الثامنة**
a las nueve	as sāʿa at tāsiʿa **الساعة التاسعة**
¿Le gusta este lugar?	hal yuʿʒibak al makān? **هل يعجبك المكان؟**
¿Está aquí con alguien?	hal anta huna maʿ aḥad? **هل أنت هنا مع أحد؟**
Estoy con mi amigo /amiga/.	ana maʿ ṣadīq **أنا مع صديق**

Estoy con amigos.	ana ma' aṣdiqā' **أنا مع أصدقاء**
No, estoy solo /sola/.	la, ana li waḥdi **لا، أنا لوحدي**
¿Tienes novio?	hal 'indak ṣadīq? **هل عندك صديق؟**
Tengo novio.	ana 'indi ṣadīq **أنا عندي صديق**
¿Tienes novia?	hal 'indak ṣadīqa? **هل عندك صديقة؟**
Tengo novia.	ana 'indi ṣadīqa **أنا عندي صديقة**
¿Te puedo volver a ver?	hal yumkinuni ru'yatak marra uχra? **هل يمكنني رؤيتك مرة أخرى؟**
¿Te puedo llamar?	hal astaṭī' an attaṣil bik? **هل أستطيع أن أتصل بك؟**
Llámame.	ittaṣil bi **إتصل بي**
¿Cuál es tu número?	ma raqmak? **ما رقمك؟**
Te echo de menos.	aʃtāq ilayk **أشتاق إليك**
¡Qué nombre tan bonito!	ismak ʒamīl **إسمك جميل**
Te quiero.	uḥibbak **أحبك**
¿Te casarías conmigo?	hal tatazawwaʒīnani? **هل تتزوجينني؟**
¡Está de broma!	anta tamzaḥ! **أنت تمزح!**
Sólo estoy bromeando.	ana amzaḥ faqaṭ **أنا أمزح فقط**
¿En serio?	hal anta gadd? **هل أنت جاد؟**
Lo digo en serio.	ana gādd **أنا جاد**
¿De verdad?	ṣaḥīḥ? **صحيح؟**
¡Es increíble!	haða γayr ma'qūl! **هذا غير معقول!**
No le creo.	la uṣaddiqak **لا أصدقك**
No puedo.	ana la astaṭī' **أنا لا أستطيع**
No lo sé.	la a'rif **أنا لا أعرف**
No le entiendo.	la afhamak **أنا لا أفهمك**

Váyase, por favor.	min faḍlak iðhab min huna **من فضلك إذهب من هنا**
¡Déjeme en paz!	utrukni li waḥdi! **أتركني لوحدي!**

Es inaguantable.	ana la uṭīquhu **أنا لا أطيقه**
¡Es un asqueroso!	anta muqrif **أنت مقرف**
¡Llamaré a la policía!	ḥattlob el ʃorṭa **سأتصل بالشرطة**

Compartir impresiones. Emociones

Me gusta.	yuʿʒibuni ðalika يعجبني ذلك
Muy lindo.	ʒamīl ʒiddan جميل جدا
¡Es genial!	haða rāʾiʿ هذا رائع
No está mal.	la baʾs bihi لا بأس به
No me gusta.	la yuʿʒibuni ðalika لا يعجبني ذلك
No está bien.	laysa ʒayyid ليس جيدا
Está mal.	haða sayyiʾ هذا سيء
Está muy mal.	haða sayyiʾ ʒiddan هذا سيء جدا
¡Qué asco!	haða muqrif هذا مقرف
Estoy feliz.	ana saʿīd /saʿīda/ أنا سعيد /سعيدة/
Estoy contento /contenta/.	ana mabsūṭ /mabsūṭa/ أنا مبسوط /مبسوطة/
Estoy enamorado /enamorada/.	ana uḥibb أنا أحب
Estoy tranquilo.	ana hādiʾ /hādiʾa/ أنا هادئ /هادئة/
Estoy aburrido.	aʃʿur bil malal أشعر بالملل
Estoy cansado /cansada/.	ana taʿbān /taʿbāna/ أنا تعبان /تعبانة/
Estoy triste.	ana ḥazīn /ḥazīna/ أنا حزين /حزينة/
Estoy asustado.	ana χāʾif /χāʾifa/ أنا خائف /خائفة/
Estoy enfadado /enfadada/.	ana ɣāḍib /ɣāḍiba/ أنا غاضب /غاضبة/
Estoy preocupado /preocupada/.	ana qaliq /qaliqa/ أنا قلق /قلقة/
Estoy nervioso /nerviosa/.	ana mutawattir /mutawattira/ أنا متوتر /متوترة/

Estoy celoso /celosa/.	ana ɣayūr /ɣayūra/ **أنا غيور /غيورة/**
Estoy sorprendido /sorprendida/.	ana mutafāʒiʾ /mutafāʒiʾa/ **أنا متفاجئ /متفاجئة/**
Estoy perplejo /perpleja/.	ana ḥāʾir /ḥāʾira/ **أنا حائر /حائرة/**

Problemas, Accidentes

Tengo un problema.	ʿindi muʃkila **عندي مشكلة**
Tenemos un problema.	ʿindana muʃkila **عندنا مشكلة**
Estoy perdido /perdida/.	aḍaʿt ṭarīqi **أضعت طريقي**
Perdi el último autobús (tren).	fātatni ʾāχir ḥāfila **فاتتني آخر حافلة**
No me queda más dinero.	laysa ladayya ayy māl **ليس لدي أي مال**
He perdido ...	faqadt ... **فقدت ...**
Me han robado ...	saraqu minni ... **سرقوا مني ...**
mi pasaporte	ʒawāz as safar **جواز السفر**
mi cartera	al maḥfaẓa **المحفظة**
mis papeles	al awrāq **الأوراق**
mi billete	at taðkira **التذكرة**
mi dinero	an nuqūd **النقود**
mi bolso	aʃ ʃanṭa **الشنطة**
mi cámara	al kamira **الكاميرا**
mi portátil	al kumbyūtir al maḥmūl **الكمبيوتر المحمول**
mi tableta	al kumbyūtir al lawḥiy **الكمبيوتر اللوحي**
mi teléfono	at tilifūn al maḥmūl **التليفون المحمول**
¡Ayúdeme!	sāʿidni! **ساعدني!**
¿Qué pasó?	māða ḥadaθ? **ماذا حدث؟**
el incendio	ḥarīqa **حريقة**

un tiroteo	iṭlāq an nār **إطلاق النار**
el asesinato	qatl **قتل**
una explosión	infiʒār **إنفجار**
una pelea	χināqa **خناقة**
¡Llame a la policía!	ittaṣil biʃ ʃurṭa! **إتصل بالشرطة!**
¡Más rápido, por favor!	bi surʻa min faḍlak! **بسرعة من فضلك!**
Busco la comisaría.	abḥaθ ʻan qism aʃ ʃurṭa **أبحث عن قسم الشرطة**
Tengo que hacer una llamada.	urīd iʒrāʼ mukālama hātifiyya **أريد إجراء مكالمة هاتفية**
¿Puedo usar su teléfono?	hal yumkinuni an astaχdim tilifūnak? **هل يمكنني أن أستخدم تليفونك؟**
Me han …	laqat taʻarraḍt li … **لقد تعرضت لـ...**
asaltado /asaltada/	sirqa **سرقة**
robado /robada/	sirqa **سرقة**
violada	iɣtiṣāb **إغتصاب**
atacado /atacada/	iʻtidāʼ **إعتداء**
¿Se encuentra bien?	hal anta bi χayr? **هل أنت بخير؟**
¿Ha visto quien a sido?	hal raʼayt man kān ðalik? **هل رأيت من كان ذلك؟**
¿Sería capaz de reconocer a la persona?	hal tastaṭīʻ at taʻarruf ʻalayhi? **هل ستستطيع التعرف عليه؟**
¿Está usted seguro?	hal anta mutaʼkked? **هل أنت متأكد؟**
Por favor, cálmese.	ihdaʼ min faḍlak **إهدأ من فضلك**
¡Cálmese!	hawwin ʻalayk! **هون عليك!**
¡No se preocupe!	la taqlaq! **لا تقلق!**
Todo irá bien.	kull ʃayʼ sayakūn ʻala ma yurām **كل شيء سيكون على ما يرام**
Todo está bien.	kull ʃayʼ ʻala ma yurām **كل شيء على ما يرام**
Venga aquí, por favor.	taʻāla huna law samaḥt **تعال هنا لو سمحت**

Tengo unas preguntas para usted.	ʻindi lak as'ila **عندي لك أسئلة**
Espere un momento, por favor.	intaẓir laḥẓa min faḍlak **إنتظر لحظة من فضلك**
¿Tiene un documento de identidad?	hal ʻindak biṭāqa ʃaχsiyya? **هل عندك بطاقة شخصية؟**
Gracias. Puede irse ahora.	ʃukran. yumkinuka al muɣādara al 'ān **شكرا. يمكنك المغادرة الآن**
¡Manos detrás de la cabeza!	ḍaʻ yadayk χalfa ra'sak! **ضع يديك خلف رأسك!**
¡Está arrestado!	anta mawqūf! **أنت موقوف!**

Problemas de salud

Ayudeme, por favor.	sāʿidni min faḍlak ساعدني من فضلك
No me encuentro bien.	la aʃʿur bi χayr لا أشعر بخير
Mi marido no se encuentra bien.	zawʒi la yaʃʿur bi χayr زوجي لا يشعر بخير
Mi hijo ...	ibni ... إبني ...
Mi padre ...	abi ... أبي ...
Mi mujer no se encuentra bien.	zawʒati la taʃʿur bi χayr زوجتي لا تشعر بخير
Mi hija ...	ibnati ... إبنتي ...
Mi madre ...	ummi ... أمي ...
Me duele ...	ana ʿindi ... أنا عندي ...
la cabeza	ṣudāʿ صداع
la garganta	iltihāb fil ḥalq إلتهاب في الحلق
el estómago	maɣaṣ مغص
un diente	alam asnān ألم أسنان
Estoy mareado.	aʃʿur bid dawār أشعر بالدوار
Él tiene fiebre.	ʿindahu ḥumma عنده حمى
Ella tiene fiebre.	ʿindaha ḥumma عندها حمى
No puedo respirar.	la astaṭīʿ at tanaffus لا أستطيع التنفس
Me ahogo.	aʃʿur bi ḍīq at tanaffus أشعر بضيق التنفس
Tengo asma.	uʿāni min ar rabw أعاني من الربو
Tengo diabetes.	ana ʿindi maraḍ as sukkar أنا عندي مرض السكر

No puedo dormir.	la astatīʿ an anām لا أستطيع أن أنام
intoxicación alimentaria	tasammum ɣiðā'iy تسمم غذائي

Me duele aquí.	aʃʿur bi alam huna أشعر بألم هنا
¡Ayúdeme!	sāʿidni! ساعدني!
¡Estoy aquí!	ana huna! أنا هنا!
¡Estamos aquí!	naḥnu huna! نحن هنا!
¡Saquenme de aquí!	aχraʒūni min huna أخرجوني من هنا!
Necesito un médico.	ana aḥtāʒ ila ṭabīb أنا أحتاج إلى طبيب
No me puedo mover.	la astaṭīʿ an ataḥarrak لا أستطيع أن أتحرك
No puedo mover mis piernas.	la astatīʿ an uḥarrik riʒlayya لا أستطيع أن أحرك رجلي

Tengo una herida.	ʿindi ʒurḥ عندي جرح
¿Es grave?	hal al amr χaṭīr? هل الأمر خطير؟
Mis documentos están en mi bolsillo.	awrāqi fi ʒaybi أوراقي في جيبي
¡Cálmese!	ihda'! إهدأ!
¿Puedo usar su teléfono?	hal yumkinuni an astaχdim tilifūnak? هل يمكنني أن أستخدم تليفونك؟

¡Llame a una ambulancia!	ittaṣil bil isʿāf! إتصل بالإسعاف!
¡Es urgente!	al amr ʿāʒil! الأمر عاجل!
¡Es una emergencia!	innaha ḥāla ṭāri'a! إنها حالة طارئة!
¡Más rápido, por favor!	bi surʿa min faḍlak! بسرعة من فضلك!
¿Puede llamar a un médico, por favor?	ittaṣil biṭ ṭabib min faḍlak? إتصل بالطبيب من فضلك
¿Dónde está el hospital?	ayna al mustaʃfa? أين المستشفى؟

¿Cómo se siente?	kayf taʃʿur al 'ān كيف تشعر الآن؟
¿Se encuentra bien?	hal anta bi χayr? هل أنت بخير؟
¿Qué pasó?	māða ḥadaθ? ماذا حدث؟

Me encuentro mejor.	aʃʿur bi taḥassun al ʾān **أشعر بتحسن الآن**
Está bien.	la baʾs **لا بأس**
Todo está bien.	kull ʃayʾ ʿala ma yurām **كل شيء على ما يرام**

En la farmacia

la farmacia	ṣaydaliyya صيدلية
la farmacia 24 horas	ṣaydaliyya arbaʿ wa ʿiʃrīn sāʿa صيدلية 24 ساعة
¿Dónde está la farmacia más cercana?	ayna aqrab ṣaydaliyya? أين أقرب صيدلية؟
¿Está abierta ahora?	hal hiya maftūḥa al ʾān? هل هي مفتوحة الآن؟
¿A qué hora abre?	mata taftaḥ? متى تفتح؟
¿A qué hora cierra?	mata tuɣliq? متى تغلق؟
¿Está lejos?	hal hiya baʿīda? هل هي بعيدة؟
¿Puedo llegar a pie?	hal yumkinuni an aṣil ila hunāk māʃiyan? هل يمكنني أن أصل إلى هناك ماشيا؟
¿Puede mostrarme en el mapa?	arīni ʿalal xarīṭa min faḍlak أريني على الخريطة من فضلك
Por favor, deme algo para ...	min faḍlak aʿṭini ʃayʾ li ... من فضلك أعطني شيئا لـ...
un dolor de cabeza	aṣ ṣudāʿ الصداع
la tos	as suʿāl السعال
el resfriado	al bard البرد
la gripe	al influenza الأنفلونزا
la fiebre	al ḥumma الحمى
un dolor de estomago	el maɣaṣ المغص
nauseas	a ɣaθayān الغثيان
la diarrea	al ishāl الإسهال
el estreñimiento	al imsāk الإمساك
un dolor de espalda	alam fiz ẓahr ألم في الظهر

un dolor de pecho	alam fiṣ ṣadr **ألم في الصدر**
el flato	ɣurza ʒānibiyya **غرزة جانبية**
un dolor abdominal	alam fil baṭn **ألم في البطن**

la píldora	ḥabba **حبة**
la crema	marham, krīm **مرهم، كريم**
el jarabe	ʃarāb **شراب**
el spray	baxxāx **بخاخ**
las gotas	qaṭarāt **قطرات**

Tiene que ir al hospital.	ʿalayk an taðhab ilal mustaʃfa **عليك أن تذهب إلى المستشفى**
el seguro de salud	taʾmīn ṣiḥḥiy **تأمين صحي**
la receta	waṣfa ṭibbiyya **وصفة طبية**
el repelente de insectos	ṭārid lil ḥaʃarāt **طارد للحشرات**
la curita	laṣqa lil ʒurūḥ **لصقة للجروح**

Lo más imprescindible

Perdone, ...	law samaḥt, ... لو سمحت، ...
Hola.	as salāmu ʿalaykum السلام عليكم
Gracias.	ʃukran شكرا
Sí.	naʿam نعم
No.	la لا
No lo sé.	la aʿrif لا أعرف
¿Dónde? | ¿A dónde? | ¿Cuándo?	ayna? | ila ayna? | mata? أين؟ | إلى أين؟ | متى؟
Necesito ...	ana aḥtāʒ ila ... أنا أحتاج إلى...
Quiero ...	ana urīd ... أنا أريد ...
¿Tiene ...?	hal ʿindak ...? هل عندك... ؟
¿Hay ... por aquí?	hal yūʒad huna ...? هل يوجد هنا ...؟
¿Puedo ...?	hal yumkinuni ...? هل يمكنني...؟
..., por favor? (petición educada)	... min faḍlak ... من فضلك
Busco ...	abḥaθ ʿan ... أبحث عن ...
el servicio	ḥammām حمام
un cajero automático	mākīnat ṣarrāf ʾāliy ماكينة صراف آلي
una farmacia	ṣaydaliyya صيدلية
el hospital	mustaʃfa مستشفى
la comisaría	qism aʃ ʃurṭa قسم شرطة
el metro	mitru al anfāq مترو الأنفاق

un taxi	taksi تاكسي
la estación de tren	mahattat al qiṭār محطة القطار

Me llamo ...	ismi ... إسمي...
¿Cómo se llama?	ma smuka? ما اسمك؟
¿Puede ayudarme, por favor?	sāʿidni min faḍlak ساعدني من فضلك
Tengo un problema.	ʿindi muʃkila عندي مشكلة
Me encuentro mal.	la aʃʿur bi χayr لا أشعر بخير
¡Llame a una ambulancia!	ittaṣil bil isʿāf! إتصل بالإسعاف!
¿Puedo llamar, por favor?	hal yumkinuni iʒrāʾ mukālama tilifūniyya? هل يمكنني إجراء مكالمة هاتفية؟

Lo siento.	ana ʾāṣif أنا آسف
De nada.	al ʿafw العفو

Yo	ana أنا
tú	anta أنت
él	huwa هو
ella	hiya هي
ellos	hum هم
ellas	hum هم
nosotros /nosotras/	naḥnu نحن
ustedes, vosotros	antum أنتم
usted	ḥaḍritak حضرتك

ENTRADA	duχūl دخول
SALIDA	χurūʒ خروج
FUERA DE SERVICIO	muʿaṭṭal معطل
CERRADO	muɣlaq مغلق

ABIERTO	maftūḥ مفتوح
PARA SEÑORAS	lis sayyidāt للسيدات
PARA CABALLEROS	lir riʒāl للرجال

VOCABULARIO TEMÁTICO

Esta sección contiene más de 3.000 de las palabras más importantes. El diccionario le proporcionará una ayuda inestimable mientras viaja al extranjero, porque las palabras individuales son a menudo suficientes para que le entiendan.
El diccionario incluye una transcripción adecuada de cada palabra extranjera

T&P Books Publishing

CONTENIDO DEL DICCIONARIO

T&P Books Publishing

CONCEPTOS BÁSICOS

T&P Books Publishing

1. Los pronombres

yo	ana	أنا
tú (masc.)	enta	أنت
tú (fem.)	enty	أنت
él	howwa	هوّ
ella	hiya	هيّ
nosotros, -as	eḥna	إحنا
vosotros, -as	antom	أنتم
ellos, ellas	hamm	همّ

2. Saludos. Salutaciones

¡Hola! (form.)	assalamu ʿalaykum!	السلام عليكم!
¡Buenos días!	ṣabāḥ el χeyr!	صباح الخير!
¡Buenas tardes!	neharak saʿīd!	نهارك سعيد!
¡Buenas noches!	masāʾ el χeyr!	مساء الخير!
decir hola	sallem	سلّم
¡Hola! (a un amigo)	ahlan!	أهلاً!
saludo (m)	salām (m)	سلام
saludar (vt)	sallem ʿala	سلّم على
¿Cómo estás?	ezzayek?	ازّيّك؟
¿Qué hay de nuevo?	aχbārak eyh?	أخبارك ايه؟
¡Chau! ¡Adiós!	maʿ el salāma!	مع السلامة!
¡Hasta pronto!	aʃūfak orayeb!	أشوفك قريب!
¡Adiós!	maʿ el salāma!	مع السلامة!
despedirse (vr)	waddaʿ	ودّع
¡Hasta luego!	bay bay!	باي باي!
¡Gracias!	ʃokran!	شكراً!
¡Muchas gracias!	ʃokran geddan!	شكراً جداً!
De nada	el ʿafw	العفو
No hay de qué	la ʃokr ʿala wāgeb	لا شكر على واجب
De nada	el ʿafw	العفو
¡Disculpa!	ʿan eznak!	عن إذنك!
¡Disculpe!	baʿd ezn ḥadretak!	بعد إذن حضرتك!
disculpar (vt)	ʿazar	عذر
disculparse (vr)	eʿtazar	أعتذر
Mis disculpas	ana ʾāsef	أنا آسف

¡Perdóneme!	ana ʾāsef!	أنا آسف!
perdonar (vt)	ʿafa	عفا
por favor	men faḍlak	من فضلك
¡No se le olvide!	ma tensāʃ!	ما تنساش!
¡Ciertamente!	ṭabʿan!	طبعاً!
¡Claro que no!	laʾ ṭabʿan!	لأ طبعاً!
¡De acuerdo!	ettafaʾna!	إتّفقنا!
¡Basta!	kefāya!	كفاية!

3. Las preguntas

¿Quién?	mīn?	مين؟
¿Qué?	eyh?	ايه؟
¿Dónde?	feyn?	فين؟
¿Adónde?	feyn?	فين؟
¿De dónde?	meneyn?	منين؟
¿Cuándo?	emta	امتى؟
¿Para qué?	ʿaʃān eyh?	عشان ايه؟
¿Por qué?	leyh?	ليه؟
¿Por qué razón?	l eyh?	لـ ليه؟
¿Cómo?	ezāy?	إزاي؟
¿Qué ...? (~ color)	eyh?	ايه؟
¿Cuál?	ayī?	أيّ؟
¿A quién?	le mīn?	لمين؟
¿De quién? (~ hablan ...)	ʿan mīn?	عن مين؟
¿De qué?	ʿan eyh?	عن ايه؟
¿Con quién?	maʿ mīn?	مع مين؟
¿Cuánto?	kām?	كام؟
¿De quién? (~ es este ...)	betāʿet mīn?	بتاعت مين؟

4. Las preposiciones

con ... (~ algn)	maʿ	مع
sin ... (~ azúcar)	men ɣeyr	من غير
a ... (p.ej. voy a México)	ela	إلى
de ... (hablar ~)	ʿan	عن
antes de ...	ʾabl	قبل
delante de ...	ʾoddām	قدّام
debajo	taḥt	تحت
sobre ..., encima de ...	foʾe	فوق
en, sobre (~ la mesa)	ʿala	على
de (origen)	men	من
de (fabricado de)	men	من

dentro de ...	ba'd	بعد
encima de ...	men 'ala	من على

5. Las palabras útiles. Los adverbios. Unidad 1

¿Dónde?	feyn?	فين؟
aquí (adv)	hena	هنا
allí (adv)	henāk	هناك
en alguna parte	fe makānen ma	في مكان ما
en ninguna parte	meʃ fi ayī makān	مش في أيّ مكان
junto a ...	ganb	جنب
junto a la ventana	ganb el ʃebbāk	جنب الشبّاك
¿A dónde?	feyn?	فين؟
aquí (venga ~)	hena	هنا
allí (vendré ~)	henāk	هناك
de aquí (adv)	men hena	من هنا
de allí (adv)	men henāk	من هناك
cerca (no lejos)	'arīb	قريب
lejos (adv)	be'īd	بعيد
cerca de ...	'and	عند
al lado (de ...)	'arīb	قريب
no lejos (adv)	meʃ be'īd	مش بعيد
izquierdo (adj)	el ʃemāl	الشمال
a la izquierda (situado ~)	'alal ʃemāl	على الشمال
a la izquierda (girar ~)	lel ʃemāl	للشمال
derecho (adj)	el yemīn	اليمين
a la derecha (situado ~)	'alal yemīn	على اليمين
a la derecha (girar)	lel yemīn	لليمين
delante (yo voy ~)	'oddām	قدّام
delantero (adj)	amāmy	أمامي
adelante (movimiento)	ela el amām	إلى الأمام
detrás de ...	wara'	وراء
desde atrás	men wara	من ورّا
atrás (da un paso ~)	le wara	لورّا
centro (m), medio (m)	wasaṭ (m)	وسط
en medio (adv)	fel wasat	في الوسط
de lado (adv)	'ala ganb	على جنب
en todas partes	fe kol makān	في كل مكان
alrededor (adv)	ḥawaleyn	حوالين
de dentro (adv)	men gowwah	من جوّه

a alguna parte	le ʾayī makān	لأي مكان
todo derecho (adv)	ʿala ṭūl	على طول
atrás (muévelo para ~)	rogūʿ	رجوع
de alguna parte (adv)	men ayī makān	من أيّ مكان
no se sabe de dónde	men makānen mā	من مكان ما
primero (adv)	awwalan	أوّلاً
segundo (adv)	sāneyan	ثانياً
tercero (adv)	sālesan	ثالثاً
de súbito (adv)	fagʾa	فجأة
al principio (adv)	fel bedāya	في البداية
por primera vez	le ʾawwel marra	لأوّل مرّة
mucho tiempo antes ...	ʾabl ... be modda ṭawīla	قبل... بمدة طويلة
de nuevo (adv)	men gedīd	من جديد
para siempre (adv)	lel abad	للأبد
jamás, nunca (adv)	abadan	أبداً
de nuevo (adv)	tāny	تاني
ahora (adv)	delwaʾty	دلوقتي
frecuentemente (adv)	ketīr	كثير
entonces (adv)	waʾtaha	وقتها
urgentemente (adv)	ʿala ṭūl	على طول
usualmente (adv)	ʿādatan	عادةً
a propósito, ...	ʿala fekra ...	على فكرة...
es probable	momken	ممكن
probablemente (adv)	momken	ممكن
tal vez	momken	ممكن
además ...	bel eḍāfa ela ...	بالإضافة إلى...
por eso ...	ʿaʃān keda	عشان كده
a pesar de ...	bel raɣm men ...	بالرغم من...
gracias a ...	be faḍl ...	بفضل...
qué (pron)	elly	إللي
que (conj)	ennu	إنّه
algo (~ le ha pasado)	ḥāga (f)	حاجة
algo (~ así)	ayī ḥāga (f)	أيّ حاجة
nada (f)	wala ḥāga	ولا حاجة
quien	elly	إللي
alguien (viene ~)	ḥadd	حدّ
alguien (¿ha llamado ~?)	ḥadd	حدّ
nadie	wala ḥadd	ولا حدّ
a ninguna parte	meʃ le wala makān	مش لـ ولا مكان
de nadie	wala ḥadd	ولا حدّ
de alguien	le ḥadd	لحدّ
tan, tanto (adv)	geddan	جداً
también (~ habla francés)	kamān	كمان
también (p.ej. Yo ~)	kamān	كمان

6. Las palabras útiles. Los adverbios. Unidad 2

¿Por qué?	leyh?	ليه؟
no se sabe porqué	le sabeben ma	لسبب ما
porque ...	ʿaʃān ...	... عشان
por cualquier razón (adv)	le hadafen mā	لهدف ما
y (p.ej. uno y medio)	w	و
o (p.ej. té o café)	walla	ولّا
pero (p.ej. me gusta, ~)	bass	بسّ
para (p.ej. es para ti)	ʿaʃān	عشان
demasiado (adv)	ketīr geddan	كتير جدّاً
sólo, solamente (adv)	bass	بسّ
exactamente (adv)	bel ḍabṭ	بالضبط
unos ..., cerca de ... (~ 10 kg)	naḥw	نحو
aproximadamente	naḥw	نحو
aproximado (adj)	taqrīby	تقريبي
casi (adv)	taʾrīban	تقريباً
resto (m)	el bāʾy (m)	الباقي
cada (adj)	koll	كلّ
cualquier (adj)	ayī	أيّ
mucho (adv)	ketīr	كتير
muchos (mucha gente)	nās ketīr	ناس كتير
todos	koll el nās	كلّ الناس
a cambio de ...	fi moqābel ...	... في مقابل
en cambio (adv)	fe moqābel	في مقابل
a mano (hecho ~)	bel yad	باليد
poco probable	bel kād	بالكاد
probablemente	momken	ممكن
a propósito (adv)	bel ʾaṣd	بالقصد
por accidente (adv)	bel ṣodfa	بالصدفة
muy (adv)	ʾawy	قويّ
por ejemplo (adv)	masalan	مثلاً
entre (~ nosotros)	beyn	بين
entre (~ otras cosas)	wesṭ	وسط
tanto (~ gente)	ketīr	كتير
especialmente (adv)	χāṣṣa	خاصّة

NÚMEROS. MISCELÁNEA

T&P Books Publishing

7. Números cardinales. Unidad 1

cero	ṣefr	صفر
uno	wāḥed	واحد
una	waḥda	واحدة
dos	etneyn	إتنين
tres	talāta	ثلاثة
cuatro	arbaʿa	أربعة
cinco	χamsa	خمسة
seis	setta	ستّة
siete	sabʿa	سبعة
ocho	tamanya	ثمانية
nueve	tesʿa	تسعة
diez	ʿaʃara	عشرة
once	ḥedāʃar	حداشر
doce	etnāʃar	إتناشر
trece	talattāʃar	تلاتّاشر
catorce	arbaʿtāʃer	أربعتاشر
quince	χamastāʃer	خمستاشر
dieciséis	settāʃar	ستّاشر
diecisiete	sabaʿtāʃar	سبعتاشر
dieciocho	tamantāʃar	تمنتاشر
diecinueve	tesʿatāʃar	تسعتاشر
veinte	ʿeʃrīn	عشرين
veintiuno	wāḥed we ʿeʃrīn	واحد وعشرين
veintidós	etneyn we ʿeʃrīn	إتنين وعشرين
veintitrés	talāta we ʿeʃrīn	ثلاثة وعشرين
treinta	talatīn	ثلاثين
treinta y uno	wāḥed we talatīn	واحد وتلاتين
treinta y dos	etneyn we talatīn	إتنين وتلاتين
treinta y tres	talāta we talatīn	ثلاثة وثلاثين
cuarenta	arbeʿīn	أربعين
cuarenta y uno	wāḥed we arbeʿīn	واحد وأربعين
cuarenta y dos	etneyn we arbeʿīn	إتنين وأربعين
cuarenta y tres	talāta we arbeʿīn	ثلاثة وأربعين
cincuenta	χamsīn	خمسين
cincuenta y uno	wāḥed we χamsīn	واحد وخمسين
cincuenta y dos	etneyn we χamsīn	إتنين وخمسين
cincuenta y tres	talāta we χamsīn	ثلاثة وخمسين

sesenta	settīn	ستّين
sesenta y uno	wāḥed we settīn	واحد وستّين
sesenta y dos	etneyn we settīn	إتنين وستّين
sesenta y tres	talāta we settīn	ثلاثة وستّين
setenta	sabʿīn	سبعين
setenta y uno	wāḥed we sabʿīn	واحد وسبعين
setenta y dos	etneyn we sabʿīn	إتنين وسبعين
setenta y tres	talāta we sabʿīn	ثلاثة وسبعين
ochenta	tamanīn	ثمانين
ochenta y uno	wāḥed we tamanīn	واحد وتمانين
ochenta y dos	etneyn we tamanīn	إتنين وتمانين
ochenta y tres	talāta we tamanīn	ثلاثة وثمانين
noventa	tesʿīn	تسعين
noventa y uno	wāḥed we tesʿīn	واحد وتسعين
noventa y dos	etneyn we tesʿīn	إتنين وتسعين
noventa y tres	talāta we tesʿīn	ثلاثة وتسعين

8. Números cardinales. Unidad 2

cien	miya	ميّة
doscientos	meteyn	ميتين
trescientos	toltomiya	تلتميّة
cuatrocientos	robʿomiya	ربعميّة
quinientos	χomsomiya	خمسميّة
seiscientos	sotomiya	ستميّة
setecientos	sobʿomiya	سبعميّة
ochocientos	tomnomeʾa	ثمنمئة
novecientos	tosʿomiya	تسعميّة
mil	alf	ألف
dos mil	alfeyn	ألفين
tres mil	talat ʾālāf	ثلاث آلاف
diez mil	ʿaʃaret ʾālāf	عشرة آلاف
cien mil	mīt alf	ميت ألف
millón (m)	millyon (m)	مليون
mil millones	millyār (m)	مليار

9. Números ordinales

primero (adj)	awwel	أوّل
segundo (adj)	tāny	ثاني
tercero (adj)	tālet	ثالث
cuarto (adj)	rābeʿ	رابع
quinto (adj)	χāmes	خامس

sexto (adj)	sādes	سادس
séptimo (adj)	sābe'	سابع
octavo (adj)	tāmen	ثامن
noveno (adj)	tāse'	تاسع
décimo (adj)	'āʃer	عاشر

LOS COLORES. LAS UNIDADES DE MEDIDA

T&P Books Publishing

10. Los colores

color (m)	lone (m)	لون
matiz (m)	daraget el lōn (m)	درجة اللون
tono (m)	ṣabɣet lōn (f)	صبغة اللون
arco (m) iris	qose qozaḥ (m)	قوس قزح
blanco (adj)	abyaḍ	أبيض
negro (adj)	aswad	أسود
gris (adj)	romādy	رمادي
verde (adj)	aχḍar	أخضر
amarillo (adj)	aṣfar	أصفر
rojo (adj)	aḥmar	أحمر
azul (adj)	azra'	أزرق
azul claro (adj)	azra' fāteḥ	أزرق فاتح
rosa (adj)	wardy	وردي
naranja (adj)	bortoqāly	برتقاليّ
violeta (adj)	banaffsegy	بنفّسجي
marrón (adj)	bonny	بنّي
dorado (adj)	dahaby	ذهبي
argentado (adj)	feḍḍy	فضّي
beige (adj)	bɛ:ʒ	بيج
crema (adj)	ʿāgy	عاجيّ
turquesa (adj)	fayrūzy	فيروزي
rojo cereza (adj)	aḥmar karazy	أحمر كرزي
lila (adj)	laylaky	ليّلكي
carmesí (adj)	qormozy	قرمزي
claro (adj)	fāteḥ	فاتح
oscuro (adj)	ɣāme'	غامق
vivo (adj)	zāhy	زاهي
de color (lápiz ~)	melawwen	ملوّن
en colores (película ~)	melawwen	ملوّن
blanco y negro (adj)	abyaḍ we aswad	أبيض وأسوّد
unicolor (adj)	sāda	سادة
multicolor (adj)	motaʿadded el alwān	متعددّ الألوان

11. Las unidades de medida

peso (m)	wazn (m)	وزن
longitud (f)	ṭūl (m)	طول

anchura (f)	ʿarḍ (m)	عرض
altura (f)	ertefāʿ (m)	إرتفاع
profundidad (f)	ʿomq (m)	عمق
volumen (m)	ḥagm (m)	حجم
área (f)	mesāḥa (f)	مساحة
gramo (m)	gram (m)	جرام
miligramo (m)	milligrām (m)	ملّيغرام
kilogramo (m)	kilogrām (m)	كيلوغرام
tonelada (f)	ṭenn (m)	طنّ
libra (f)	reṭl (m)	رطل
onza (f)	onṣa (f)	أونصة
metro (m)	metr (m)	متر
milímetro (m)	millimetr (m)	ملّيمتر
centímetro (m)	santimetr (m)	سنتيمتر
kilómetro (m)	kilometr (m)	كيلومتر
milla (f)	mīl (m)	ميل
pulgada (f)	boṣa (f)	بوصة
pie (m)	ʾadam (m)	قدم
yarda (f)	yarda (f)	ياردة
metro (m) cuadrado	metr morabbaʿ (m)	متر مربّع
hectárea (f)	hektār (m)	هكتار
litro (m)	litre (m)	لتر
grado (m)	daraga (f)	درجة
voltio (m)	volt (m)	فولت
amperio (m)	ambere (m)	أمبير
caballo (m) de fuerza	ḥoṣān (m)	حصان
cantidad (f)	kemiya (f)	كميّة
un poco de ...	ʃewayet ...	شويّة...
mitad (f)	noṣṣ (m)	نصّ
docena (f)	desta (f)	دستة
pieza (f)	waḥda (f)	وحدة
dimensión (f)	ḥagm (m)	حجم
escala (f) (del mapa)	meʾyās (m)	مقياس
mínimo (adj)	el adna	الأدنى
el más pequeño (adj)	el aṣɣar	الأصغر
medio (adj)	motawasseṭ	متوّسط
máximo (adj)	el aqṣa	الأقصى
el más grande (adj)	el akbar	الأكبر

12. Contenedores

tarro (m) de vidrio	barṭamān (m)	برطمان
lata (f)	kanz (m)	كانز

cubo (m)	gardal (m)	جردل
barril (m)	barmīl (m)	برميل
palangana (f)	ḥoḍe lel ɣasīl (m)	حوض للغسيل
tanque (m)	χazzān (m)	خزّان
petaca (f) (de alcohol)	zamzamiya (f)	زمزميّة
bidón (m) de gasolina	ʒerken (m)	جركن
cisterna (f)	χazzān (m)	خزّان
taza (f) (mug de cerámica)	mugg (m)	ماجّ
taza (f) (~ de café)	fengān (m)	فنجان
platillo (m)	ṭabaʾ fengān (m)	طبق فنجان
vaso (m) (~ de agua)	kobbāya (f)	كوبّاية
copa (f) (~ de vino)	kāsa (f)	كاسة
olla (f)	ḥalla (f)	حلّة
botella (f)	ezāza (f)	إزازة
cuello (m) de botella	ʿonq (m)	عنق
garrafa (f)	dawraʾ zogāgy (m)	دورق زجاجي
jarro (m) (~ de agua)	ebrīʾ (m)	إبريق
recipiente (m)	weʿāʾ (m)	وعاء
tarro (m)	aṣīṣ (m)	أصيص
florero (m)	vāza (f)	فازة
frasco (m) (~ de perfume)	ezāza (f)	إزازة
frasquito (m)	ezāza (f)	إزازة
tubo (m)	anbūba (f)	أنبوبة
saco (m) (~ de azúcar)	kīs (m)	كيس
bolsa (f) (~ plástica)	kīs (m)	كيس
paquete (m) (~ de cigarrillos)	ʿelba (f)	علبة
caja (f)	ʿelba (f)	علبة
cajón (m) (~ de madera)	ṣandūʾ (m)	صندوق
cesta (f)	salla (f)	سلّة

T&P BOOKS

LOS VERBOS MÁS IMPORTANTES

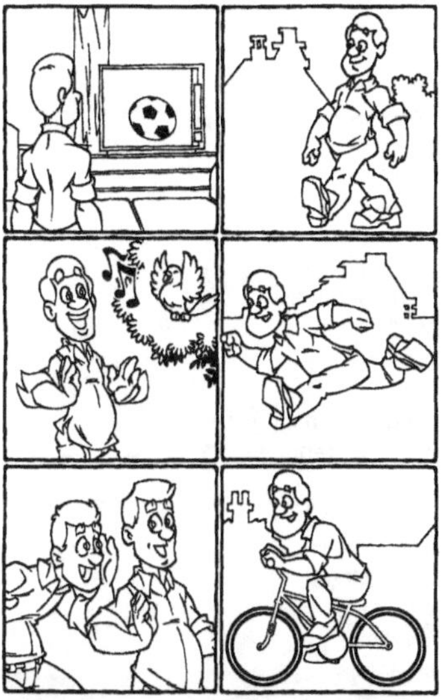

T&P Books Publishing

13. Los verbos más importantes. Unidad 1

abrir (vt)	fataḥ	فتح
acabar, terminar (vt)	χallaṣ	خلّص
aconsejar (vt)	naṣaḥ	نصح
adivinar (vt)	χammen	خمّن
advertir (vt)	ḥazzar	حذّر
alabarse, jactarse (vr)	tabāha	تباهى
almorzar (vi)	etɣadda	إتغدّى
alquilar (~ una casa)	est'gar	إستأجر
amenazar (vt)	hadded	هدّد
arrepentirse (vr)	nedem	ندم
ayudar (vt)	sā'ed	ساعد
bañarse (vr)	sebeḥ	سبح
bromear (vi)	hazzar	هزّر
buscar (vt)	dawwar 'ala	دوّر على
caer (vi)	we'e'	وقع
callarse (vr)	seket	سكت
cambiar (vt)	ɣayar	غيّر
castigar, punir (vt)	'āqab	عاقب
cavar (vt)	ḥafar	حفر
cazar (vi, vt)	eṣṭād	اصطاد
cenar (vi)	et'asʃa	إتعشّى
cesar (vt)	baṭṭal	بطّل
coger (vt)	mesek	مسك
comenzar (vt)	bada'	بدأ
comparar (vt)	qāran	قارن
comprender (vt)	fehem	فهم
confiar (vt)	wasaq	وثق
confundir (vt)	etlaχbaṭ	إتلخبط
conocer (~ a alguien)	'eref	عرف
contar (vt) (enumerar)	'add	عدّ
contar con …	e'tamad 'ala …	إعتمد على...
continuar (vt)	wāṣel	واصل
controlar (vt)	et-ḥakkem	إتحكّم
correr (vi)	gery	جري
costar (vt)	kallef	كلّف
crear (vt)	'amal	عمل

14. Los verbos más importantes. Unidad 2

dar (vt)	edda	إدّى
dar una pista	edda lamḥa	إدّى لمحة
decir (vt)	'āl	قال
decorar (para la fiesta)	zayen	زيّن
defender (vt)	dāfa'	دافع
dejar caer	wa''a'	وقّع
desayunar (vi)	feṭer	فطر
descender (vi)	nezel	نزل
dirigir (administrar)	adār	أدار
disculparse (vr)	e'tazar	إعتذر
discutir (vt)	nā'eʃ	ناقش
dudar (vt)	ʃakk fe	شكّ في
encontrar (hallar)	la'a	لقى
engañar (vi, vt)	χada'	خدع
entrar (vi)	daχal	دخل
enviar (vt)	arsal	أرسل
equivocarse (vr)	ɣeleṭ	غلط
escoger (vt)	eχtār	إختار
esconder (vt)	χabba	خبّأ
escribir (vt)	katab	كتب
esperar (aguardar)	estanna	إستنّى
esperar (tener esperanza)	tamanna	تمنّى
estar de acuerdo	ettafa'	إتّفق
estudiar (vt)	daras	درس
exigir (vt)	ṭāleb	طالب
existir (vi)	kān mawgūd	كان موّجود
explicar (vt)	ʃaraḥ	شرح
faltar (a las clases)	ɣāb	غاب
firmar (~ el contrato)	waqqa'	وقّع
girar (~ a la izquierda)	ḥād	حاد
gritar (vi)	ṣarraχ	صرّخ
guardar (conservar)	ḥafaẓ	حفظ
gustar (vi)	'agab	عجب
hablar (vi, vt)	kallem	كلّم
hacer (vt)	'amal	عمل
informar (vt)	'āl ly	قال لي
insistir (vi)	aṣarr	أصرّ
insultar (vt)	ahān	أهان
interesarse (vr)	ehtamm be	إهتمّ بـ
invitar (vt)	'azam	عزم

ir (a pie)	meʃy	مشى
jugar (divertirse)	leʻeb	لعب

15. Los verbos más importantes. Unidad 3

leer (vi, vt)	'ara	قرأ
liberar (ciudad, etc.)	ḥarrar	حرّر
llamar (por ayuda)	estaɣās	إستغاث
llegar (vi)	weṣel	وصل
llorar (vi)	baka	بكى
matar (vt)	'atal	قتل
mencionar (vt)	zakar	ذكر
mostrar (vt)	warra	ورّى
nadar (vi)	ʻām	عام
negarse (vr)	rafaḍ	رفض
objetar (vt)	eʻtaraḍ	إعترض
observar (vt)	rāqab	راقب
oír (vt)	semeʻ	سمع
olvidar (vt)	nesy	نسي
orar (vi)	ṣalla	صلّى
ordenar (mil.)	amar	أمر
pagar (vi, vt)	dafaʻ	دفع
pararse (vr)	wa''af	وقّف
participar (vi)	ʃārek	شارك
pedir (ayuda, etc.)	ṭalab	طلب
pedir (en restaurante)	ṭalab	طلب
pensar (vi, vt)	fakkar	فكّر
percibir (ver)	lāḥaẓ	لاحظ
perdonar (vt)	ʻafa	عفا
permitir (vt)	samaḥ	سمح
pertenecer a ...	χaṣṣ	خصّ
planear (vt)	χaṭṭeṭ	خطّط
poder (v aux)	'eder	قدر
poseer (vt)	malak	ملك
preferir (vt)	faḍḍal	فضّل
preguntar (vt)	sa'al	سأل
preparar (la cena)	ḥaḍḍar	حضّر
prever (vt)	tanabba'	تنبّأ
probar, tentar (vt)	ḥāwel	حاول
prometer (vt)	waʻad	وعد
pronunciar (vt)	naṭa'	نطق
proponer (vt)	ʻaraḍ	عرض
quebrar (vt)	kasar	كسر

quejarse (vr)	ʃaka	شكا
querer (amar)	ḥabb	حبّ
querer (desear)	ʿāyez	عايز

16. Los verbos más importantes. Unidad 4

recomendar (vt)	naṣaḥ	نصح
regañar, reprender (vt)	wabbeχ	وبّخ
reírse (vr)	ḍeḥek	ضحك
repetir (vt)	karrar	كرّر
reservar (~ una mesa)	ḥagaz	حجز
responder (vi, vt)	gāwab	جاوب
robar (vt)	saraʾ	سرق
saber (~ algo mas)	ʿeref	عرف
salir (vi)	χarag	خرج
salvar (vt)	anqaz	أنقذ
seguir ...	tatabbaʿ	تتبّع
sentarse (vr)	ʾaʿad	قعد
ser necesario	maṭlūb	مطلوب
ser, estar (vi)	kān	كان
significar (vt)	ʾaṣad	قصد
sonreír (vi)	ebtasam	إبتسم
sorprenderse (vr)	etfāgeʾ	إتفاجئ
subestimar (vt)	estaχaff	إستخفّ
tener (vt)	malak	ملك
tener hambre	ʿāyez ʾākol	عايز آكل
tener miedo	χāf	خاف
tener prisa	estaʿgel	إستعجل
tener sed	ʿāyez aʃrab	عايز أشرب
tirar, disparar (vi)	ḍarab bel nār	ضرب بالنار
tocar (con las manos)	lamas	لمس
tomar (vt)	aχad	أخذ
tomar nota	katab	كتب
trabajar (vi)	eʃtaɣal	إشتغل
traducir (vt)	targem	ترجم
unir (vt)	waḥḥed	وحّد
vender (vt)	bāʿ	باع
ver (vt)	ʃāf	شاف
volar (pájaro, avión)	ṭār	طار

LA HORA. EL CALENDARIO

T&P Books Publishing

17. Los días de la semana

lunes (m)	el etneyn (m)	الإتنين
martes (m)	el talāt (m)	التلات
miércoles (m)	el arbeʿāʾ (m)	الأربعاء
jueves (m)	el χamīs (m)	الخميس
viernes (m)	el gomʿa (m)	الجمعة
sábado (m)	el sabt (m)	السبت
domingo (m)	el aḥad (m)	الأحد
hoy (adv)	el naharda	النهارده
mañana (adv)	bokra	بكرة
pasado mañana	baʿd bokra (m)	بعد بكرة
ayer (adv)	embāreḥ	امبارح
anteayer (adv)	awwel embāreḥ	أوّل امبارح
día (m)	yome (m)	يوم
día (m) de trabajo	yome ʿamal (m)	يوم عمل
día (m) de fiesta	agāza rasmiya (f)	أجازة رسميّة
día (m) de descanso	yome el agāza (m)	يوم أجازة
fin (m) de semana	nehāyet el osbūʿ (f)	نهاية الأسبوع
todo el día	ṭūl el yome	طول اليوم
al día siguiente	fel yome elly baʿdīh	في اليوم اللي بعديه
dos días atrás	men yomeyn	من يومين
en vísperas (adv)	fel yome elly ʾablo	في اليوم اللي قبله
diario (adj)	yawmy	يومي
cada día (adv)	yawmiyan	يومياً
semana (f)	osbūʿ (m)	أسبوع
semana (f) pasada	el esbūʿ elly fāt	الأسبوع اللي فات
semana (f) que viene	el esbūʿ elly gayī	الأسبوع اللي جاي
semanal (adj)	osbūʿy	أسبوعي
cada semana (adv)	osbūʿiyan	أسبوعياً
2 veces por semana	marreteyn fel osbūʿ	مرّتين في الأسبوع
todos los martes	koll solasāʾ	كلّ ثلاثاء

18. Las horas. El día y la noche

mañana (f)	ṣobḥ (m)	صبح
por la mañana	fel ṣobḥ	في الصبح
mediodía (m)	ẓohr (m)	ظهر
por la tarde	baʿd el ḍohr	بعد الظهر
noche (f)	leyl (m)	ليل

por la noche	bel leyl	بالليل
noche (f) (p.ej. 2:00 a.m.)	leyl (m)	ليل
por la noche	bel leyl	بالليل
medianoche (f)	noṣṣ el leyl (m)	نصّ الليل
segundo (m)	sanya (f)	ثانية
minuto (m)	de'ī'a (f)	دقيقة
hora (f)	sāʿa (f)	ساعة
media hora (f)	noṣṣ sāʿa (m)	نصّ ساعة
cuarto (m) de hora	robʿ sāʿa (f)	ربع ساعة
quince minutos	χamastāʃer de'ī'a	خمستاشر دقيقة
veinticuatro horas	arbaʿa we ʿeʃrīn sāʿa	أربعة وعشرين ساعة
salida (f) del sol	ʃorūʾ el ʃams (m)	شروق الشمس
amanecer (m)	fagr (m)	فجر
madrugada (f)	ṣobḥ badry (m)	صبح بدري
puesta (f) del sol	ɣorūb el ʃams (m)	غروب الشمس
de madrugada	el ṣobḥ badry	الصبح بدري
esta mañana	el naharda el ṣobḥ	النهاردة الصبح
mañana por la mañana	bokra el ṣobḥ	بكرة الصبح
esta tarde	el naharda baʿd el ḍohr	النهاردة بعد الظهر
por la tarde	baʿd el ḍohr	بعد الظهر
mañana por la tarde	bokra baʿd el ḍohr	بكرة بعد الظهر
esta noche (p.ej. 8:00 p.m.)	el naharda bel leyl	النهاردة بالليل
mañana por la noche	bokra bel leyl	بكرة بالليل
a las tres en punto	es sāʿa talāta bel ḍabṭ	الساعة تلاتة بالضبط
a eso de las cuatro	es sāʿa arbaʿa ta'rīban	الساعة أربعة تقريبا
para las doce	ḥatt es sāʿa etnāʃar	حتى الساعة إتناشر
dentro de veinte minutos	fe χelāl ʿeʃrīn deʿeeʿa	في خلال عشرين دقيقة
dentro de una hora	fe χelāl sāʿa	في خلال ساعة
a tiempo (adv)	fe mawʿedo	في موعده
... menos cuarto	ella robʿ	إلّا ربع
durante una hora	χelāl sāʿa	خلال ساعة
cada quince minutos	koll robʿ sāʿa	كلّ ربع ساعة
día y noche	leyl nahār	ليل نهار

19. Los meses. Las estaciones

enero (m)	yanāyer (m)	يناير
febrero (m)	febrāyer (m)	فبراير
marzo (m)	māres (m)	مارس
abril (m)	ebrīl (m)	إبريل
mayo (m)	māyo (m)	مايو
junio (m)	yonyo (m)	يونيو

julio (m)	yolyo (m)	يوليو
agosto (m)	oɣosṭos (m)	أغسطس
septiembre (m)	sebtamber (m)	سبتمبر
octubre (m)	oktober (m)	أكتوبر
noviembre (m)	november (m)	نوفمبر
diciembre (m)	desember (m)	ديسمبر
primavera (f)	rabeeʿ (m)	ربيع
en primavera	fel rabeeʿ	في الربيع
de primavera (adj)	rabeeʿy	ربيعي
verano (m)	ṣeyf (m)	صيف
en verano	fel ṣeyf	في الصيف
de verano (adj)	ṣeyfy	صيفي
otoño (m)	χarīf (m)	خريف
en otoño	fel χarīf	في الخريف
de otoño (adj)	χarīfy	خريفي
invierno (m)	ʃetāʾ (m)	شتاء
en invierno	fel ʃetāʾ	في الشتاء
de invierno (adj)	ʃetwy	شتوّي
mes (m)	ʃahr (m)	شهر
este mes	fel ʃahr da	في الشهر ده
al mes siguiente	el ʃahr el gayī	الشهر الجايّ
el mes pasado	el ʃahr elly fāt	الشهر اللي فات
hace un mes	men ʃahr	من شهر
dentro de un mes	baʿd ʃahr	بعد شهر
dentro de dos meses	baʿd ʃahreyn	بعد شهرين
todo el mes	el ʃahr kollo	الشهر كلّه
todo un mes	ṭawāl el ʃahr	طوال الشهر
mensual (adj)	ʃahry	شهري
mensualmente (adv)	ʃahry	شهري
cada mes	koll ʃahr	كلّ شهر
dos veces por mes	marreteyn fel ʃahr	مرّتين في الشهر
año (m)	sana (f)	سنة
este año	el sana di	السنة دي
el próximo año	el sana el gaya	السنة الجايّة
el año pasado	el sana elly fātet	السنة اللي فاتت
hace un año	men sana	من سنة
dentro de un año	baʿd sana	بعد سنة
dentro de dos años	baʿd sanateyn	بعد سنتين
todo el año	el sana kollaha	السنة كلّها
todo un año	ṭūl el sana	طول السنة
cada año	koll sana	كلّ سنة
anual (adj)	sanawy	سنوّي

anualmente (adv)	koll sana	كلّ سنة
cuatro veces por año	arbaʿ marrāt fel sana	أربع مرات في السنة
fecha (f) (la ~ de hoy es ...)	tarīχ (m)	تاريخ
fecha (f) (~ de entrega)	tarīχ (m)	تاريخ
calendario (m)	natīga (f)	نتيجة
medio año (m)	noṣṣ sana	نصّ سنة
seis meses	settet aʃ-hor (f)	ستّة أشهر
estación (f)	faṣl (m)	فصل
siglo (m)	qarn (m)	قرن

T&P BOOKS

EL VIAJE. EL HOTEL

T&P Books Publishing

20. Las vacaciones. El viaje

turismo (m)	seyāḥa (f)	سياحة
turista (m)	sā'eḥ (m)	سائح
viaje (m)	reḥla (f)	رحلة
aventura (f)	moɣamra (f)	مغامرة
viaje (m) (p.ej. ~ en coche)	reḥla (f)	رحلة
vacaciones (f pl)	agāza (f)	أجازة
estar de vacaciones	kān fi agāza	كان في أجازة
descanso (m)	estrāḥa (f)	إستراحة
tren (m)	qeṭār, 'aṭṭr (m)	قطار
en tren	bel qeṭār - bel aṭṭr	بالقطار
avión (m)	ṭayāra (f)	طيّارة
en avión	bel ṭayāra	بالطيّارة
en coche	bel sayāra	بالسيّارة
en barco	bel safīna	بالسفينة
equipaje (m)	el ʃonaṭ (pl)	الشنط
maleta (f)	ʃanṭa (f)	شنطة
carrito (m) de equipaje	ʿarabet ʃonaṭ (f)	عربة شنط
pasaporte (m)	basbore (m)	باسبور
visado (m)	ta'ʃīra (f)	تأشيرة
billete (m)	tazkara (f)	تذكرة
billete (m) de avión	tazkara ṭayarān (f)	تذكرة طيران
guía (f) (libro)	dalīl (m)	دليل
mapa (m)	χarīṭa (f)	خريطة
área (f) (~ rural)	mante'a (f)	منطقة
lugar (m)	makān (m)	مكان
exotismo (m)	ɣarāba (f)	غرابة
exótico (adj)	ɣarīb	غريب
asombroso (adj)	mod-heʃ	مدهش
grupo (m)	magmūʿa (f)	مجموعة
excursión (f)	gawla (f)	جولة
guía (m) (persona)	morʃed (m)	مرشد

21. El hotel

hotel (m)	fondo' (m)	فندق
motel (m)	motel (m)	موتيل

de tres estrellas	talat nogūm	ثلاث نجوم
de cinco estrellas	χamas nogūm	خمس نجوم
hospedarse (vr)	nezel	نزل
habitación (f)	oḍa (f)	أوضة
habitación (f) individual	owḍa le ʃaχṣ wāḥed (f)	أوضة لشخص واحد
habitación (f) doble	oḍa le ʃaχṣeyn (f)	أوضة لشخصين
reservar una habitación	ḥagaz owḍa	حجز أوضة
media pensión (f)	wagbeteyn fel yome (du)	وجبتين في اليوم
pensión (f) completa	talat wagabāt fel yome	ثلاث وجبات في اليوم
con baño	bel banyo	بـ البانيو
con ducha	bel doʃ	بالدوش
televisión (f) satélite	televizion be qanawāt faḍā'iya (m)	تليفزيون بقنوات فضائية
climatizador (m)	takyīf (m)	تكييف
toalla (f)	fūṭa (f)	فوطة
llave (f)	meftāḥ (m)	مفتاح
administrador (m)	modīr (m)	مدير
camarera (f)	ʿāmela tandīf ɣoraf (f)	عاملة تنظيف غرف
maletero (m)	ʃayāl (m)	شيّال
portero (m)	bawwāb (m)	بوّاب
restaurante (m)	maṭʿam (m)	مطعم
bar (m)	bār (m)	بار
desayuno (m)	foṭūr (m)	فطور
cena (f)	ʿaʃā' (m)	عشاء
buffet (m) libre	bofeyh (m)	بوفيه
vestíbulo (m)	rad-ha (f)	ردهة
ascensor (m)	asanseyr (m)	اسانسير
NO MOLESTAR	nargu ʿadam el ezʿāg	نرجو عدم الإزعاج
PROHIBIDO FUMAR	mamnūʿ el tadχīn	ممنوع التدخين

22. El turismo. La excursión

monumento (m)	temsāl (m)	تمثال
fortaleza (f)	'alʿa (f)	قلعة
palacio (m)	'aṣr (m)	قصر
castillo (m)	'alʿa (f)	قلعة
torre (f)	borg (m)	برج
mausoleo (m)	ḍarīḥ (m)	ضريح
arquitectura (f)	handasa meʿmāriya (f)	هندسة معمارية
medieval (adj)	men el qorūn el wosṭa	من القرون الوسطى
antiguo (adj)	ʿatīq	عتيق
nacional (adj)	waṭany	وطني

conocido (adj)	maʃ-hūr	مشهور
turista (m)	sā'eḥ (m)	سائح
guía (m) (persona)	morʃed (m)	مرشد
excursión (f)	gawla (f)	جولة
mostrar (vt)	warra	ورّى
contar (una historia)	'āl	قال
encontrar (hallar)	la'a	لقى
perderse (vr)	ḍā'	ضاع
plano (m) (~ de metro)	χarīṭa (f)	خريطة
mapa (m) (~ de la ciudad)	χarīṭa (f)	خريطة
recuerdo (m)	tezkār (m)	تذكار
tienda (f) de regalos	maḥal hadāya (m)	محل هدايا
hacer fotos	ṣawwar	صوّر
fotografiarse (vr)	etṣawwar	إتصوّر

EL TRANSPORTE

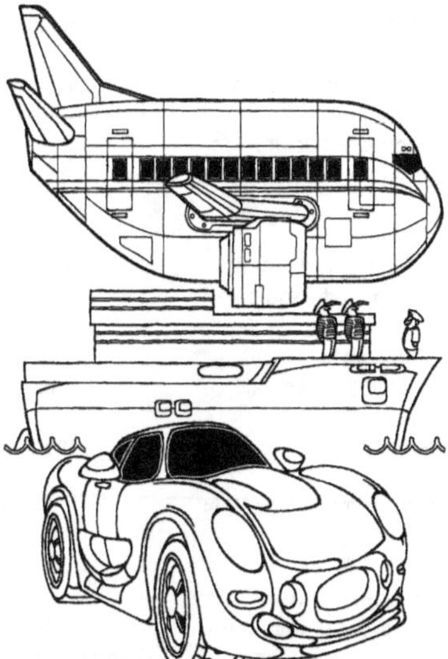

T&P Books Publishing

23. El aeropuerto

aeropuerto (m)	maṭār (m)	مطار
avión (m)	ṭayāra (f)	طيّارة
compañía (f) aérea	ʃerket ṭayarān (f)	شركة طيران
controlador (m) aéreo	marākeb el ḥaraka el gawiya (m)	مراكب الحركة الجويّة
despegue (m)	moɣadra (f)	مغادرة
llegada (f)	woṣūl (m)	وصول
llegar (en avión)	weṣel	وصل
hora (f) de salida	wa't el moɣadra (m)	وقت المغادرة
hora (f) de llegada	wa't el woṣūl (m)	وقت الوصول
retrasarse (vr)	ta'akχar	تأخّر
retraso (m) de vuelo	ta'aχor el reḥla (m)	تأخّر الرحلة
pantalla (f) de información	lawḥet el maʿlomāt (f)	لوحة المعلومات
información (f)	esteʿlamāt (pl)	إستعلامات
anunciar (vt)	aʿlan	أعلن
vuelo (m)	reḥlet ṭayarān (f)	رحلة طيران
aduana (f)	gamārek (pl)	جمارك
aduanero (m)	mowazzaf el gamārek (m)	موظّف الجمارك
declaración (f) de aduana	taṣrīḥ gomroky (m)	تصريح جمركي
rellenar (vt)	mala	ملا
rellenar la declaración	mala el taṣrīḥ	ملأ التصريح
control (m) de pasaportes	taftīʃ el gawazāt (m)	تفتيش الجوازات
equipaje (m)	el ʃonaṭ (pl)	الشنط
equipaje (m) de mano	ʃonaṭ el yad (pl)	شنط اليد
carrito (m) de equipaje	ʿarabet ʃonaṭ (f)	عربة شنط
aterrizaje (m)	hobūṭ (m)	هبوط
pista (f) de aterrizaje	mamarr el hobūṭ (m)	ممرّ الهبوط
aterrizar (vi)	habaṭ	هبط
escaleras (f pl) (de avión)	sellem el ṭayāra (m)	سلّم الطيّارة
facturación (f) (check-in)	tasgīl (m)	تسجيل
mostrador (m) de facturación	makān tasgīl (m)	مكان تسجيل
hacer el check-in	saggel	سجّل
tarjeta (f) de embarque	beṭāqet el rokūb (f)	بطاقة الركوب
puerta (f) de embarque	bawwābet el moɣadra (f)	بوّابة المغادرة

tránsito (m)	tranzīt (m)	ترانزيت
esperar (aguardar)	estanna	إستنّى
zona (f) de preembarque	ṣālet el moɣadra (f)	صالة المغادرة
despedir (vt)	wadda'	ودّع
despedirse (vr)	wadda'	ودّع

24. El avión

avión (m)	ṭayāra (f)	طيّارة
billete (m) de avión	tazkara ṭayarān (f)	تذكرة طيران
compañía (f) aérea	ʃerket ṭayarān (f)	شركة طيران
aeropuerto (m)	maṭār (m)	مطار
supersónico (adj)	χāreq lel ṣote	خارق للصوت
comandante (m)	kabten (m)	كابتن
tripulación (f)	ṭa'm (m)	طقم
piloto (m)	ṭayār (m)	طيّار
azafata (f)	moḍīfet ṭayarān (f)	مضيفة طيران
navegador (m)	mallāḥ (m)	ملّاح
alas (f pl)	agneḥa (pl)	أجنحة
cola (f)	deyl (m)	ذيل
cabina (f)	kabīna (f)	كابينة
motor (m)	motore (m)	موتور
tren (m) de aterrizaje	'agalāt el hobūṭ (pl)	عجلات الهبوط
turbina (f)	torbīna (f)	توربينة
hélice (f)	marwaḥa (f)	مروّحة
caja (f) negra	mosaggel el ṭayarān (m)	مسجّل الطيران
timón (m)	moqawwed el ṭayāra (m)	مقوّد الطيّارة
combustible (m)	woqūd (m)	وقود
instructivo (m) de seguridad	beṭā'et el salāma (f)	بطاقة السلامة
respirador (m) de oxígeno	mask el oksyʒīn (m)	ماسك الاوكسيجين
uniforme (m)	zayī muwaḥḥad (m)	زيّ موحّد
chaleco (m) salvavidas	sotret nagah (f)	سترة نجاة
paracaídas (m)	baraʃot (m)	باراشوت
despegue (m)	eqlā' (m)	إقلاع
despegar (vi)	aqla'et	أقلعت
pista (f) de despegue	modarrag el ṭa'erāṭ (m)	مدرّج الطائرات
visibilidad (f)	ro'ya (f)	رؤية
vuelo (m)	ṭayarān (m)	طيران
altura (f)	ertefā' (m)	إرتفاع
pozo (m) de aire	geyb hawā'y (m)	جيب هوائي
asiento (m)	meq'ad (m)	مقعد
auriculares (m pl)	samma'āt ra'siya (pl)	سمّاعات رأسية
mesita (f) plegable	ṣeniya qabela lel ṭayī (f)	صينية قابلة للطيّ

ventana (f)	ʃebbāk el ṭayāra (m)	شبّاك الطيّارة
pasillo (m)	mamarr (m)	ممرّ

25. El tren

tren (m)	qeṭār, ʾaṭṭr (m)	قطار
tren (m) de cercanías	qeṭār rokkāb (m)	قطار ركّاب
tren (m) rápido	qeṭār saree' (m)	قطار سريع
locomotora (f) diésel	qāṭeret dīzel (f)	قاطرة ديزل
tren (m) de vapor	qāṭera boxariya (f)	قاطرة بخاريّة
coche (m)	ʿaraba (f)	عربة
coche (m) restaurante	ʿarabet el ṭaʿām (f)	عربة الطعام
rieles (m pl)	qoḍbān (pl)	قضبان
ferrocarril (m)	sekka ḥadīdiya (f)	سكّة حديديّة
traviesa (f)	ʿāreḍa sekket ḥadīd (f)	عارضة سكّة الحديد
plataforma (f)	raṣīf (m)	رصيف
vía (f)	χaṭṭ (m)	خطّ
semáforo (m)	semafore (m)	سيمافور
estación (f)	maḥaṭṭa (f)	محطّة
maquinista (m)	sawwāʾ (m)	سوّاق
maletero (m)	ʃayāl (m)	شيّال
mozo (m) del vagón	masʾūl ʿarabet el qeṭār (m)	مسؤول عربة القطار
pasajero (m)	rākeb (m)	راكب
revisor (m)	kamsary (m)	كمسري
corredor (m)	mamarr (m)	ممرّ
freno (m) de urgencia	farāmel el ṭawāreʾ (pl)	فرامل الطوارئ
compartimiento (m)	ɣorfa (f)	غرفة
litera (f)	serīr (m)	سرير
litera (f) de arriba	serīr ʿolwy (m)	سرير علوّي
litera (f) de abajo	serīr sofly (m)	سرير سفلي
ropa (f) de cama	aɣṭeyet el serīr (pl)	أغطيّة السرير
billete (m)	tazkara (f)	تذكرة
horario (m)	gadwal (m)	جدوّل
pantalla (f) de información	lawḥet maʿlomāt (f)	لوحة معلومات
partir (vi)	ɣādar	غادر
partida (f) (del tren)	moɣadra (f)	مغادرة
llegar (tren)	weṣel	وصل
llegada (f)	woṣūl (m)	وصول
llegar en tren	weṣel bel qeṭār	وصل بالقطار
tomar el tren	rekeb el qeṭār	ركب القطار
bajar del tren	nezel men el qeṭār	نزل من القطار

descarrilamiento (m)	ḥeṭām qeṭār (m)	حطام قطار
descarrilarse (vr)	χarag ʿan χaṭṭ sīru	خرج عن خطّ سيره
tren (m) de vapor	qāṭera boχariya (f)	قاطرة بخاريّة
fogonero (m)	ʿatʃagy (m)	عطشجي
hogar (m)	forn el moḥarrek (m)	فرن المحرّك
carbón (m)	faḥm (m)	فحم

26. El barco

barco, buque (m)	safīna (f)	سفينة
navío (m)	safīna (f)	سفينة
buque (m) de vapor	baχera (f)	باخرة
motonave (f)	baχera nahriya (f)	باخرة نهرية
trasatlántico (m)	safīna seyaḥiya (f)	سفينة سياحيّة
crucero (m)	ṭarrād safīna baḥariya (m)	طرّاد سفينة بحريّة
yate (m)	yaχt (m)	يخت
remolcador (m)	qāṭera baḥariya (f)	قاطرة بحريّة
barcaza (f)	ṣandal (m)	صندل
ferry (m)	ʿabbāra (f)	عبّارة
velero (m)	safīna ʃeraʿiya (m)	سفينة شراعيّة
bergantín (m)	markeb ʃerāʿy (m)	مركب شراعي
rompehielos (m)	moḥaṭṭemet galīd (f)	محطّمة جليد
submarino (m)	ɣawwāṣa (f)	غوّاصة
bote (m) de remo	markeb (m)	مركب
bote (m)	zawraʾ (m)	زورق
bote (m) salvavidas	qāreb nagah (m)	قارب نجاة
lancha (f) motora	lunʃ (m)	لنش
capitán (m)	ʾobṭān (m)	قبطان
marinero (m)	baḥḥār (m)	بحّار
marino (m)	baḥḥār (m)	بحّار
tripulación (f)	ṭāqem (m)	طاقم
contramaestre (m)	rabbān (m)	ربّان
grumete (m)	ṣaby el safīna (m)	صبي السفينة
cocinero (m) de abordo	ṭabbāχ (m)	طبّاخ
médico (m) del buque	ṭabīb el safīna (m)	طبيب السفينة
cubierta (f)	saṭ-ḥ el safīna (m)	سطح السفينة
mástil (m)	sāreya (f)	سارية
vela (f)	ʃerāʿ (m)	شراع
bodega (f)	ʿanbar (m)	عنبر
proa (f)	moʾaddema (m)	مقدّمة
popa (f)	moʾaχeret el safīna (f)	مؤخّرة السفينة

remo (m)	megdāf (m)	مجذاف
hélice (f)	marwaḥa (f)	مروَحة
camarote (m)	kabīna (f)	كابينة
sala (f) de oficiales	ɣorfet el ṭaʿām wel rāḥa (f)	غرفة الطعام والراحة
sala (f) de máquinas	qesm el ʾālāt (m)	قسم الآلات
puente (m) de mando	borg el qeyāda (m)	برج القيادة
sala (f) de radio	ɣorfet el lāselky (f)	غرفة اللاسلكي
onda (f)	mouga (f)	موجة
cuaderno (m) de bitácora	segel el safīna (m)	سجل السفينة
anteojo (m)	monzār (m)	منظار
campana (f)	garas (m)	جرس
bandera (f)	ʿalam (m)	علم
cabo (m) (maroma)	ḥabl (m)	حبل
nudo (m)	ʿoʾda (f)	عقدة
pasamano (m)	drabzīn saṭ-ḥ el safīna (m)	درابزين سطح السفينة
pasarela (f)	sellem (m)	سلّم
ancla (f)	marsāh (f)	مرساة
levar ancla	rafaʿ morsah	رفع مرساة
echar ancla	rasa	رسا
cadena (f) del ancla	selselet morsah (f)	سلسلة مرساة
puerto (m)	mināʾ (m)	ميناء
embarcadero (m)	marsa (m)	مرسى
amarrar (vt)	rasa	رسا
desamarrar (vt)	aqlaʿ	أقلع
viaje (m)	reḥla (f)	رحلة
crucero (m) (viaje)	reḥla baḥariya (f)	رحلة بحريّة
derrota (f) (rumbo)	masār (m)	مسار
itinerario (m)	ṭarīʾ (m)	طريق
canal (m) navegable	magra melāḥy (m)	مجرى ملاحيّ
bajío (m)	meyāh ḍaḥla (f)	مياه ضحلة
encallar (vi)	ganaḥ	جنح
tempestad (f)	ʿāṣefa (f)	عاصفة
señal (f)	eʃara (f)	إشارة
hundirse (vr)	ɣereʾ	غرق
¡Hombre al agua!	saʾaṭ rāgil min el sefīna!	سقط راجل من السفينة!
SOS	nedāʾ eɣāsa (m)	نداء إغاثة
aro (m) salvavidas	ṭoʾe nagah (m)	طوق نجاة

LA CIUDAD

T&P Books Publishing

27. El transporte urbano

autobús (m)	buṣ (m)	باص
tranvía (m)	trām (m)	ترام
trolebús (m)	trolly buṣ (m)	ترولي باص
itinerario (m)	χaṭṭ (m)	خطّ
número (m)	raqam (m)	رقم
ir en …	rāḥ be …	… راح بـ
tomar (~ el autobús)	rekeb	ركب
bajar (~ del tren)	nezel men	نزل من
parada (f)	maw'af (m)	موّقف
próxima parada (f)	el maḥaṭṭa el gaya (f)	المحطة الجايّة
parada (f) final	'āχer maw'af (m)	آخر موقف
horario (m)	gadwal (m)	جدوّل
esperar (aguardar)	estanna	إستنّى
billete (m)	tazkara (f)	تذكرة
precio (m) del billete	ogra (f)	أجرة
cajero (m)	kaʃier (m)	كاشيير
control (m) de billetes	taftīʃ el tazāker (m)	تفتيش التذاكر
revisor (m)	mofatteʃ tazāker (m)	مفتّش تذاكر
llegar tarde (vi)	met'akχer	متأخّر
perder (~ el tren)	ta'akχar	تأخّر
tener prisa	mesta'gel	مستعجل
taxi (m)	taksi (m)	تاكسي
taxista (m)	sawwā' taksi (m)	سوّاق تاكسي
en taxi	bel taksi	بالتاكسي
parada (f) de taxi	maw'ef taksi (m)	موّقف تاكسي
llamar un taxi	kallem taksi	كلّم تاكسي
tomar un taxi	aχad taksi	أخد تاكسي
tráfico (m)	ḥaraket el morūr (f)	حركة المرور
atasco (m)	zaḥmet el morūr (f)	زحمة المرور
horas (f pl) de punta	sā'et el zorwa (f)	ساعة الذروة
aparcar (vi)	rakan	ركن
aparcar (vt)	rakan	ركن
aparcamiento (m)	maw'ef el 'arabeyāt (m)	موقف العربيات
metro (m)	metro (m)	مترو
estación (f)	maḥaṭṭa (f)	محطّة
ir en el metro	aχad el metro	أخد المترو

tren (m)	qeṭār, 'aṭṭr (m)	قطار
estación (f)	maḥaṭṭet qeṭār (f)	محطّة قطار

28. La ciudad. La vida en la ciudad

ciudad (f)	madīna (f)	مدينة
capital (f)	'āṣema (f)	عاصمة
aldea (f)	qarya (f)	قرية
plano (m) de la ciudad	xarīṭet el madinah (f)	خريطة المدينة
centro (m) de la ciudad	wesṭ el balad (m)	وسط البلد
suburbio (m)	ḍāḥeya (f)	ضاحية
suburbano (adj)	el ḍawāḥy	الضواحي
arrabal (m)	aṭrāf el madīna (pl)	أطراف المدينة
afueras (f pl)	ḍawāḥy el madīna (pl)	ضواحي المدينة
barrio (m)	ḥayī (m)	حيّ
zona (f) de viviendas	ḥayī sakany (m)	حي سكني
tráfico (m)	ḥaraket el morūr (f)	حركة المرور
semáforo (m)	eʃārāt el morūr (pl)	إشارات المرور
transporte (m) urbano	wasā'el el na'l (pl)	وسائل النقل
cruce (m)	taqāṭo' (m)	تقاطع
paso (m) de peatones	ma'bar (m)	معبر
paso (m) subterráneo	nafa' moʃāh (m)	نفق مشاه
cruzar (vt)	'abar	عبر
peatón (m)	māʃy (m)	ماشي
acera (f)	raṣīf (m)	رصيف
puente (m)	kobry (m)	كبري
muelle (m)	korneyʃ (m)	كورنيش
fuente (f)	nafūra (f)	نافورة
alameda (f)	mamʃa (m)	ممشى
parque (m)	ḥadīqa (f)	حديقة
bulevar (m)	bolvār (m)	بولفار
plaza (f)	medān (m)	ميدان
avenida (f)	ʃāre' (m)	شارع
calle (f)	ʃāre' (m)	شارع
callejón (m)	zo'ā' (m)	زقاق
callejón (m) sin salida	ṭarī' masdūd (m)	طريق مسدود
casa (f)	beyt (m)	بيت
edificio (m)	mabna (m)	مبنى
rascacielos (m)	nāṭeḥet sahāb (f)	ناطحة سحاب
fachada (f)	waɣa (f)	واجهة
techo (m)	sa'f (m)	سقف
ventana (f)	ʃebbāk (m)	شبّاك

arco (m)	qose (m)	قوس
columna (f)	ʿamūd (m)	عمود
esquina (f)	zawya (f)	زاوية
escaparate (f)	vatrīna (f)	فترينة
letrero (m) (~ luminoso)	yafṭa, lāfeta (f)	لافتة, يافطة
cartel (m)	boster (m)	بوستر
cartel (m) publicitario	boster eʿlān (m)	بوستر إعلان
valla (f) publicitaria	lawḥet eʿlanāt (f)	لوحة إعلانات
basura (f)	zebāla (f)	زبالة
cajón (m) de basura	ṣandūʾ zebāla (m)	صندوق زبالة
tirar basura	rama zebāla	رمى زبالة
basurero (m)	mazbala (f)	مزبلة
cabina (f) telefónica	koʃk telefōn (m)	كشك تليفون
farola (f)	ʿamūd nūr (m)	عمود نور
banco (m) (del parque)	korsy (m)	كرسي
policía (m)	ʃorṭy (m)	شرطي
policía (f) (~ nacional)	ʃorṭa (f)	شرطة
mendigo (m)	ʃaḥḥāt (m)	شحّات
persona (f) sin hogar	motaʃarred (m)	متشرّد

29. Las instituciones urbanas

tienda (f)	maḥal (m)	محل
farmacia (f)	ṣaydaliya (f)	صيدليّة
óptica (f)	maḥal naḍḍārāt (m)	محل نضّارات
centro (m) comercial	mole (m)	مول
supermercado (m)	subermarket (m)	سوبرماركت
panadería (f)	maχbaz (m)	مخبز
panadero (m)	χabbāz (m)	خبّاز
pastelería (f)	ḥalawāny (m)	حلواني
tienda (f) de comestibles	baʾʾāla (f)	بقّالة
carnicería (f)	gezāra (f)	جزارة
verdulería (f)	dokkān χoḍār (m)	دكّان خضار
mercado (m)	sūʾ (f)	سوق
cafetería (f)	ʾahwa (f), kaféih (m)	قهوة, كافيه
restaurante (m)	maṭʿam (m)	مطعم
cervecería (f)	bār (m)	بار
pizzería (f)	maḥal pizza (m)	محل بيتزا
peluquería (f)	ṣalone ḥelāʾa (m)	صالون حلاقة
oficina (f) de correos	maktab el barīd (m)	مكتب البريد
tintorería (f)	dray klīn (m)	دراي كلين
estudio (m) fotográfico	estudio taṣwīr (m)	إستوديو تصوير

zapatería (f)	maḥal gezam (m)	محل جزم
librería (f)	maḥal kotob (m)	محل كتب
tienda (f) deportiva	maḥal mostalzamāt reyaḍiya (m)	محل مستلزمات رياضية
arreglos (m pl) de ropa	maḥal χeyāṭet malābes (m)	محل خياطة ملابس
alquiler (m) de ropa	ta'gīr malābes rasmiya (m)	تأجير ملابس رسمية
videoclub (m)	maḥal ta'gīr video (m)	محل تأجير فيديو
circo (m)	serk (m)	سيرك
zoológico (m)	ḥadīqet el ḥayawān (f)	حديقة حيوان
cine (m)	sinema (f)	سينما
museo (m)	mat-ḥaf (m)	متحف
biblioteca (f)	maktaba (f)	مكتبة
teatro (m)	masraḥ (m)	مسرح
ópera (f)	obra (f)	أوبرا
club (m) nocturno	malha leyly (m)	ملهى ليّلي
casino (m)	kazino (m)	كازينو
mezquita (f)	masged (m)	مسجد
sinagoga (f)	kenīs (m)	كنيس
catedral (f)	katedra'iya (f)	كاتدرائية
templo (m)	ma'bad (m)	معبد
iglesia (f)	kenīsa (f)	كنيسة
instituto (m)	kolliya (m)	كليّة
universidad (f)	gam'a (f)	جامعة
escuela (f)	madrasa (f)	مدرسة
prefectura (f)	moqaṭ'a (f)	مقاطعة
alcaldía (f)	baladiya (f)	بلديّة
hotel (m)	fondo' (m)	فندق
banco (m)	bank (m)	بنك
embajada (f)	safāra (f)	سفارة
agencia (f) de viajes	ʃerket seyāḥa (f)	شركة سياحة
oficina (f) de información	maktab el este'lāmāt (m)	مكتب الإستعلامات
oficina (f) de cambio	ṣarrāfa (f)	صرّافة
metro (m)	metro (m)	مترو
hospital (m)	mostaʃfa (m)	مستشفى
gasolinera (f)	maḥaṭṭet banzīn (f)	محطّة بنزين
aparcamiento (m)	maw'ef el 'arabeyāt (m)	موقف العربيات

30. Los avisos

letrero (m) (~ luminoso)	yafṭa, lāfeta (f)	لافتة, يافطة
cartel (m) (texto escrito)	bayān (m)	بيان

pancarta (f)	boster (m)	بوستر
señal (m) de dirección	ʿalāmet (f)	علامة إتجاه
flecha (f) (signo)	ʿalāmet eʃāra (f)	علامة إشارة
advertencia (f)	taḥzīr (m)	تحذير
aviso (m)	lāfetat taḥzīr (f)	لافتة تحذير
advertir (vt)	ḥazzar	حذّر
día (m) de descanso	yome ʿoṭla (m)	يوم عطلة
horario (m)	gadwal (m)	جدوّل
horario (m) de apertura	awʾāt el ʿamal (pl)	أوقات العمل
¡BIENVENIDOS!	ahlan w sahlan!	!أهلاً وسهلا
ENTRADA	doχūl	دخول
SALIDA	χorūg	خروج
EMPUJAR	edfaʿ	إدفع
TIRAR	es-ḥab	إسحب
ABIERTO	maftūḥ	مفتوح
CERRADO	moɣlaq	مغلق
MUJERES	lel sayedāt	للسيدات
HOMBRES	lel regāl	للرجال
REBAJAS	χoṣomāt	خصومات
SALDOS	taχfeḍāt	تخفيضات
NOVEDAD	gedīd!	!جديد
GRATIS	maggānan	مجّاناً
¡ATENCIÓN!	entebāh!	!إنتباه
COMPLETO	koll el amāken maḥgūza	كلّ الأماكن محجوزة
RESERVADO	maḥgūz	محجوز
ADMINISTRACIÓN	edāra	إدارة
SÓLO PERSONAL AUTORIZADO	lel ʿamelīn faqaṭ	للعاملين فقط
CUIDADO CON EL PERRO	eḥzar wogūd kalb	إحذر وجود الكلب
PROHIBIDO FUMAR	mamnūʿ el tadχīn	ممنوع التدخين
NO TOCAR	ʿadam el lams	عدم اللمس
PELIGROSO	χaṭīr	خطير
PELIGRO	χaṭar	خطر
ALTA TENSIÓN	tayār ʿāly	تيّار عالي
PROHIBIDO BAÑARSE	el sebāḥa mamnūʿa	السباحة ممنوعة
NO FUNCIONA	moʿaṭṭal	معطّل
INFLAMABLE	sareeʿ el eʃteʿāl	سريع الإشتعال
PROHIBIDO	mamnūʿ	ممنوع
PROHIBIDO EL PASO	mamnūʿ el morūr	ممنوع المرور
RECIÉN PINTADO	eḥzar ṭelāʾ ɣayr gāf	احذر طلاء غير جاف

31. Las compras

comprar (vt)	eʃtara	إشترى
compra (f)	ḥāga (f)	حاجة
hacer compras	eʃtara	إشترى
compras (f pl)	ʃobbing (m)	شوبينج
estar abierto (tienda)	maftūḥ	مفتوح
estar cerrado	moɣlaq	مغلق
calzado (m)	gezam (pl)	جزم
ropa (f)	malābes (pl)	ملابس
cosméticos (m pl)	mawād tagmīl (pl)	مواد تجميل
productos alimenticios	akl (m)	أكل
regalo (m)	hediya (f)	هديّة
vendedor (m)	bayāʿ (m)	بيّاع
vendedora (f)	bayāʿa (f)	بيّاعة
caja (f)	ṣandūʾ el dafʿ (m)	صندوق الدفع
espejo (m)	merāya (f)	مراية
mostrador (m)	manḍada (f)	منضدة
probador (m)	ɣorfet el ʾeyās (f)	غرفة القياس
probar (un vestido)	garrab	جرّب
quedar (una ropa, etc.)	nāseb	ناسب
gustar (vi)	ʿagab	عجب
precio (m)	seʿr (m)	سعر
etiqueta (f) de precio	tiket el seʿr (m)	تيكت السعر
costar (vt)	kallef	كلّف
¿Cuánto?	bekām?	بكام؟
descuento (m)	χaṣm (m)	خصم
no costoso (adj)	meʃ ɣāly	مش غالي
barato (adj)	reχīṣ	رخيص
caro (adj)	ɣāly	غالي
Es caro	da ɣāly	ده غالي
alquiler (m)	esteʾgār (m)	إستئجار
alquilar (vt)	estʾgar	إستأجر
crédito (m)	eʾtemān (m)	إئتمان
a crédito (adv)	bel taʾseeṭ	بالتقسيط

LA ROPA Y LOS ACCESORIOS

T&P Books Publishing

32. La ropa exterior. Los abrigos

ropa (f)	malābes (pl)	ملابس
ropa (f) de calle	malābes fo'aniya (pl)	ملابس فوقانيّة
ropa (f) de invierno	malābes ʃetwiya (pl)	ملابس شتويّة
abrigo (m)	balṭo (m)	بالطو
abrigo (m) de piel	balṭo farww (m)	بالطو فروّ
abrigo (m) corto de piel	ʒaket farww (m)	جاكيت فروّ
chaqueta (f) plumón	balṭo maḥʃy rīʃ (m)	بالطو محشي ريش
cazadora (f)	ʒæket (m)	جاكيت
impermeable (m)	ʒæket lel maṭar (m)	جاكيت للمطر
impermeable (adj)	wāqy men el maya	واقي من الميّة

33. Ropa de hombre y mujer

camisa (f)	'amīṣ (m)	قميص
pantalones (m pl)	banṭalone (f)	بنطلون
jeans, vaqueros (m pl)	ʒeans (m)	جينز
chaqueta (f), saco (m)	ʒæket (f)	جاكت
traje (m)	badla (f)	بدلة
vestido (m)	fostān (m)	فستان
falda (f)	ʒība (f)	جيبة
blusa (f)	bloza (f)	بلوزة
rebeca (f), chaqueta (f) de punto	kardigan (m)	كارديجن
chaqueta (f)	ʒæket (m)	جاكيت
camiseta (f) (T-shirt)	ti ʃirt (m)	تي شيرت
pantalones (m pl) cortos	ʃort (m)	شورت
traje (m) deportivo	treneng (m)	ترينج
bata (f) de baño	robe el ḥammām (m)	روب حمّام
pijama (m)	beʒāma (f)	بيجاما
suéter (m)	blover (f)	بلوفر
pulóver (m)	blover (m)	بلوفر
chaleco (m)	vest (m)	فيست
frac (m)	badlet sahra ṭawīla (f)	بدلة سهرة طويلة
esmoquin (m)	badla (f)	بدلة
uniforme (m)	zayī muwaḥḥad (m)	زيّ موحّد
ropa (f) de trabajo	lebs el ʃoɣl (m)	لبس الشغل

mono (m)	overall (m)	اوفر اول
bata (f) (p. ej. ~ blanca)	balṭo (m)	بالطو

34. La ropa. La ropa interior

ropa (f) interior	malābes dāχeliya (pl)	ملابس داخلية
bóxer (m)	sirwāl dāχly rigāly (m)	سروال داخلي رجاليّ
bragas (f pl)	sirwāl dāχly nisā'y (m)	سروال داخلي نسائي
camiseta (f) interior	fanella (f)	فانلّا
calcetines (m pl)	ʃarāb (m)	شراب
camisón (m)	'amīṣ nome (m)	قميص نوم
sostén (m)	setyāna (f)	ستيانة
calcetines (m pl) altos	ʃarabāt ṭawīla (pl)	شرابات طويلة
pantimedias (f pl)	klone (m)	كلون
medias (f pl)	gawāreb (pl)	جوارب
traje (m) de baño	mayo (m)	مايّوه

35. Gorras

gorro (m)	ṭa'iya (f)	طاقيّة
sombrero (m) de fieltro	borneyṭa (f)	برنيطة
gorra (f) de béisbol	base bāl kāb (m)	بيس بول كاب
gorra (f) plana	ṭa'iya mosaṭṭaḥa (f)	طاقيّة مسطحة
boina (f)	bereyh (m)	بيريه
capuchón (m)	ɣaṭa' (f)	غطاء
panamá (m)	qobba'et banama (f)	قبّعة بناما
gorro (m) de punto	ays kāb (m)	آيس كاب
pañuelo (m)	eʃarb (m)	إيشارب
sombrero (m) de mujer	borneyṭa (f)	برنيطة
casco (m) (~ protector)	χawza (f)	خوذة
gorro (m) de campaña	kāb (m)	كاب
casco (m) (~ de moto)	χawza (f)	خوذة
bombín (m)	qobba'a (f)	قبّعة
sombrero (m) de copa	qobba'a rasmiya (f)	قبّعة رسمية

36. El calzado

calzado (m)	gezam (pl)	جزم
botas (f pl)	gazma (f)	جزمة
zapatos (m pl) (~ de tacón bajo)	gazma (f)	جزمة

botas (f pl) altas	būt (m)	بوت
zapatillas (f pl)	ʃebʃeb (m)	شبشب
tenis (m pl)	kotʃy tennis (m)	كوتشي تنس
zapatillas (f pl) de lona	kotʃy (m)	كوتشي
sandalias (f pl)	ṣandal (pl)	صندل
zapatero (m)	eskāfy (m)	إسكافي
tacón (m)	kaʿb (m)	كعب
par (m)	goze (m)	جوز
cordón (m)	ʃerīʾṭ (m)	شريط
encordonar (vt)	rabaṭ	ربط
calzador (m)	labbāsa el gazma (f)	لبّاسة الجزمة
betún (m)	warnīʃ el gazma (m)	ورنيش الجزمة

37. Accesorios personales

guantes (m pl)	gwanty (m)	جوانتي
manoplas (f pl)	gwanty men ɣeyr aṣābeʿ (m)	جوانتي من غير أصابع
bufanda (f)	skarf (m)	سكارف
gafas (f pl)	naḍḍāra (f)	نظّارة
montura (f)	eṭār (m)	إطار
paraguas (m)	ʃamsiya (f)	شمسيّة
bastón (m)	ʿaṣāya (f)	عصاية
cepillo (m) de pelo	forʃet ʃaʿr (f)	فرشة شعر
abanico (m)	marwaḥa (f)	مروّحة
corbata (f)	karavetta (f)	كرافتة
pajarita (f)	bebyona (m)	بيبيونة
tirantes (m pl)	ḥammala (f)	حمّالة
moquero (m)	mandīl (m)	منديل
peine (m)	meʃṭ (m)	مشط
pasador (m) de pelo	dabbūs (m)	دبّوس
horquilla (f)	bensa (m)	بنسة
hebilla (f)	bokla (f)	بكلة
cinturón (m)	ḥezām (m)	حزام
correa (f) (de bolso)	ḥammalet el ketf (f)	حمّالة الكتف
bolsa (f)	ʃanṭa (f)	شنطة
bolso (m)	ʃanṭet yad (f)	شنطة يد
mochila (f)	ʃanṭet ḍahr (f)	شنطة ظهر

38. La ropa. Miscelánea

moda (f)	mūḍa (f)	موضة
de moda (adj)	fel moḍa	في الموضة
diseñador (m) de moda	moṣammem azyā' (m)	مصمّم أزياء
cuello (m)	yā'a (f)	ياقة
bolsillo (m)	geyb (m)	جيب
de bolsillo (adj)	geyb	جيب
manga (f)	komm (m)	كمّ
presilla (f)	'elāqa (f)	علّاقة
bragueta (f)	lesān (m)	لسان
cremallera (f)	sosta (f)	سوستة
cierre (m)	maʃbak (m)	مشبك
botón (m)	zerr (m)	زرّ
ojal (m)	'arwa (f)	عروة
saltar (un botón)	we'e'	وقع
coser (vi, vt)	χayaṭ	خيّط
bordar (vt)	ṭarraz	طرّز
bordado (m)	taṭrīz (m)	تطريز
aguja (f)	ebra (f)	إبرة
hilo (m)	χeyṭ (m)	خيط
costura (f)	derz (m)	درز
ensuciarse (vr)	ettwassaχ	إتّوَسّخ
mancha (f)	bo''a (f)	بقعة
arrugarse (vr)	takarmaʃ	تكرمش
rasgar (vt)	'aṭa'	قطع
polilla (f)	'etta (f)	عثّة

39. Productos personales. Cosméticos

pasta (f) de dientes	ma'gūn asnān (m)	معجون أسنان
cepillo (m) de dientes	forʃet senān (f)	فرشة أسنان
limpiarse los dientes	naḍḍaf el asnān	نظّف الأسنان
maquinilla (f) de afeitar	mūs (m)	موس
crema (f) de afeitar	krīm ḥelā'a (m)	كريم حلاقة
afeitarse (vr)	ḥala'	حلق
jabón (m)	ṣabūn (m)	صابون
champú (m)	ʃambū (m)	شامبو
tijeras (f pl)	ma'aṣ (m)	مقص
lima (f) de uñas	mabrad (m)	مبرد
cortaúñas (m pl)	mel'aṭ (m)	ملقط
pinzas (f pl)	mel'aṭ (m)	ملقط

cosméticos (m pl)	mawād tagmīl (pl)	مواد تجميل
mascarilla (f)	mask (m)	ماسك
manicura (f)	monekīr (m)	مونيكير
hacer la manicura	ʿamal monikīr	عمل مونيكير
pedicura (f)	badikīr (m)	باديكير
bolsa (f) de maquillaje	ʃanṭet mekyāʒ (f)	شنطة مكياج
polvos (m pl)	bodret weʃ (f)	بودرة وش
polvera (f)	ʿelbet bodra (f)	علبة بودرة
colorete (m), rubor (m)	aḥmar χodūd (m)	أحمر خدود
perfume (m)	barfān (m)	بارفان
agua (f) de tocador	kolonya (f)	كولونيا
loción (f)	loʃion (m)	لوشن
agua (f) de Colonia	kolonya (f)	كولونيا
sombra (f) de ojos	eyeʃadow (m)	ايّ شادو
lápiz (m) de ojos	koḥl (m)	كحل
rímel (m)	maskara (f)	ماسكارا
pintalabios (m)	rūʒ (m)	روج
esmalte (m) de uñas	monekīr (m)	مونيكير
fijador (m) para el pelo	mosabbet el ʃaʿr (m)	مثبّت الشعر
desodorante (m)	mozīl ʿaraʾ (m)	مزيل عرق
crema (f)	krīm (m)	كريم
crema (f) de belleza	krīm lel weʃ (m)	كريم للوش
crema (f) de manos	krīm eyd (m)	كريم أيد
crema (f) antiarrugas	krīm moḍād lel tagaʿīd (m)	كريم مضاد للتجاعيد
crema (f) de día	krīm en nahār (m)	كريم النهار
crema (f) de noche	krīm el leyl (m)	كريم الليل
de día (adj)	nahāry	نهاري
de noche (adj)	layly	ليّلي
tampón (m)	tambon (m)	تانبون
papel (m) higiénico	waraʾ twalet (m)	ورق تواليت
secador (m) de pelo	seʃwār (m)	سشوار

40. Los relojes

reloj (m)	sāʿa (f)	ساعة
esfera (f)	wag-h el sāʿa (m)	وجه الساعة
aguja (f)	ʿaʾrab el sāʿa (m)	عقرب الساعة
pulsera (f)	ʃerīṭ sāʿa maʿdaniya (m)	شريط ساعة معدنية
correa (f) (del reloj)	ʃerīṭ el sāʿa (m)	شريط الساعة
pila (f)	baṭṭariya (f)	بطّاريّة
descargarse (vr)	χelṣet	خلصت
cambiar la pila	ɣayar el baṭṭariya	غيّر البطّاريّة
adelantarse (vr)	sabaʾ	سبق

retrasarse (vr)	ta'akҳar	تأخّر
reloj (m) de pared	sā'et ḥeyṭa (f)	ساعة حيطة
reloj (m) de arena	sā'a ramliya (f)	ساعة رمليّة
reloj (m) de sol	sā'a ʃamsiya (f)	ساعة شمسيّة
despertador (m)	monabbeh (m)	منبّه
relojero (m)	sa'āty (m)	ساعاتي
reparar (vt)	ṣallaḥ	صلّح

LA EXPERIENCIA DIARIA

T&P Books Publishing

41. El dinero

dinero (m)	folūs (pl)	فلوس
cambio (m)	taḥwīl ʿomla (m)	تحويل عملة
curso (m)	seʿr el ṣarf (m)	سعر الصرف
cajero (m) automático	makinet ṣarrāf ʾāly (f)	ماكينة صرّاف آلي
moneda (f)	ʾerʃ (m)	قرش
dólar (m)	dolār (m)	دولار
euro (m)	yoro (m)	يورو
lira (f)	lira (f)	ليرة
marco (m) alemán	el mark el almāny (m)	المارك الألماني
franco (m)	frank (m)	فرنك
libra esterlina (f)	geneyh esterlīny (m)	جنيه استرليني
yen (m)	yen (m)	ين
deuda (f)	deyn (m)	دين
deudor (m)	modīn (m)	مدين
prestar (vt)	sallef	سلّف
tomar prestado	estalaf	إستلف
banco (m)	bank (m)	بنك
cuenta (f)	ḥesāb (m)	حساب
ingresar (~ en la cuenta)	awdaʿ	أودع
ingresar en la cuenta	awdaʿ fel ḥesāb	أودع في الحساب
sacar de la cuenta	saḥab men el ḥesāb	سحب من الحساب
tarjeta (f) de crédito	kredit kard (f)	كريدت كارد
dinero (m) en efectivo	kæʃ (m)	كاش
cheque (m)	ʃīk (m)	شيك
sacar un cheque	katab ʃīk	كتب شيك
talonario (m)	daftar ʃikāt (m)	دفتر شيكات
cartera (f)	maḥfaẓa (f)	محفظة
monedero (m)	maḥfazet fakka (f)	محفظة فكّة
caja (f) fuerte	χazzāna (f)	خزّانة
heredero (m)	wāres (m)	وارث
herencia (f)	werāsa (f)	وراثة
fortuna (f)	sarwa (f)	ثروّة
arriendo (m)	ʿaʾd el egār (m)	عقد الإيجار
alquiler (m) (dinero)	ogret el sakan (f)	أجرة السكن
alquilar (~ una casa)	estʾgar	إستأجر
precio (m)	seʿr (m)	سعر

coste (m)	taman (m)	ثمن
suma (f)	mablaɣ (m)	مبلغ
gastar (vt)	ṣaraf	صرف
gastos (m pl)	maṣarīf (pl)	مصاريف
economizar (vi, vt)	waffar	وفّر
económico (adj)	mowaffer	موّفر
pagar (vi, vt)	dafaʿ	دفع
pago (m)	dafʿ (m)	دفع
cambio (m) (devolver el ~)	el bāʾy (m)	الباقي
impuesto (m)	ḍarība (f)	ضريبة
multa (f)	ɣarāma (f)	غرامة
multar (vt)	faraḍ ɣarāma	فرض غرامة

42. La oficina de correos

oficina (f) de correos	maktab el barīd (m)	مكتب البريد
correo (m) (cartas, etc.)	el barīd (m)	البريد
cartero (m)	sāʿy el barīd (m)	ساعي البريد
horario (m) de apertura	awʾāt el ʿamal (pl)	أوقات العمل
carta (f)	resāla (f)	رسالة
carta (f) certificada	resāla mosaggala (f)	رسالة مسجّلة
tarjeta (f) postal	kart barīdy (m)	كرت بريدي
telegrama (m)	barqiya (f)	برقيّة
paquete (m) postal	ṭard (m)	طرد
giro (m) postal	ḥewāla māliya (f)	حوالة مالية
recibir (vt)	estalam	إستلم
enviar (vt)	arsal	أرسل
envío (m)	ersāl (m)	إرسال
dirección (f)	ʿenwān (m)	عنوان
código (m) postal	raqam el barīd (m)	رقم البريد
expedidor (m)	morsel (m)	مرسل
destinatario (m)	morsel elayh (m)	مرسل إليه
nombre (m)	esm (m)	اسم
apellido (m)	esm el ʿaʾela (m)	اسم العائلة
tarifa (f)	taʿrīfa (f)	تعريفة
ordinario (adj)	ʿādy	عادي
económico (adj)	mowaffer	موّفر
peso (m)	wazn (m)	وزن
pesar (~ una carta)	wazan	وزن
sobre (m)	ẓarf (m)	ظرف
sello (m)	ṭābeʿ (m)	طابع
poner un sello	alṣaq ṭābeʿ	ألصق طابع

43. La banca

banco (m)	bank (m)	بنك
sucursal (f)	far' (m)	فرع
consultor (m)	mowazzaf bank (m)	موظّف بنك
gerente (m)	modīr (m)	مدير
cuenta (f)	ḥesāb bank (m)	حساب بنك
numero (m) de la cuenta	raqam el ḥesāb (m)	رقم الحساب
cuenta (f) corriente	ḥesāb gāry (m)	حساب جاري
cuenta (f) de ahorros	ḥesāb tawfīr (m)	حساب توّفير
abrir una cuenta	fataḥ ḥesāb	فتح حساب
cerrar la cuenta	'afal ḥesāb	قفل حساب
ingresar en la cuenta	awda' fel ḥesāb	أودع في الحساب
sacar de la cuenta	saḥab men el ḥesāb	سحب من الحساب
depósito (m)	wadee'a (f)	وديعة
hacer un depósito	awda'	أودع
giro (m) bancario	ḥewāla maṣrefiya (f)	حوالة مصرفيّة
hacer un giro	ḥawwel	حوّل
suma (f)	mablaɣ (m)	مبلغ
¿Cuánto?	kām?	كام؟
firma (f) (nombre)	tawqee' (m)	توقيع
firmar (vt)	waqqa'	وقّع
tarjeta (f) de crédito	kredit kard (f)	كريدت كارد
código (m)	kōd (m)	كود
número (m) de tarjeta de crédito	raqam el kredit kard (m)	رقم الكريدت كارد
cajero (m) automático	makinet ṣarrāf 'āly (f)	ماكينة صرّاف آلي
cheque (m)	ʃīk (m)	شيك
sacar un cheque	katab ʃīk	كتب شيك
talonario (m)	daftar ʃikāt (m)	دفتر شيكات
crédito (m)	qarḍ (m)	قرض
pedir el crédito	'addem ṭalab 'ala qarḍ	قدّم طلب على قرض
obtener un crédito	ḥaṣal 'ala qarḍ	حصل على قرض
conceder un crédito	edda qarḍ	ادّى قرض
garantía (f)	ḍamān (m)	ضمان

44. El teléfono. Las conversaciones telefónicas

teléfono (m)	telefon (m)	تليفون
teléfono (m) móvil	mobile (m)	موبايل

contestador (m)	gehāz radd ʿalal mokalmāt (m)	جهاز ردّ على المكالمات
llamar, telefonear	ettaṣal	إتّصل
llamada (f)	mokalma telefoniya (f)	مكالمة تليفونية
marcar un número	ettaṣal be raqam	إتّصل برقم
¿Sí?, ¿Dígame?	alo!	ألو!
preguntar (vt)	sa'al	سأل
responder (vi, vt)	radd	ردّ
oír (vt)	semeʿ	سمع
bien (adv)	kewayes	كويّس
mal (adv)	meʃ kowayīs	مش كويّس
ruidos (m pl)	taʃwīʃ (m)	تشويش
auricular (m)	sammāʿa (f)	سمّاعة
descolgar (el teléfono)	rafaʿ el sammāʿa	رفع السمّاعة
colgar el auricular	'afal el sammāʿa	قفل السمّاعة
ocupado (adj)	maʃɣūl	مشغول
sonar (teléfono)	rann	رنّ
guía (f) de teléfonos	dalīl el telefone (m)	دليل التليفون
local (adj)	maḥalliya	ة محلّيّ
llamada (f) local	mokalma maḥalliya (f)	مكالمة محلّيّة
de larga distancia	biʿīd	بعيد
llamada (f) de larga distancia	mokalma biʿīda (f)	مكالمة بعيدة المدى
internacional (adj)	dowly	دوّلي
llamada (f) internacional	mokalma dowliya (f)	مكالمة دوليّة

45. El teléfono celular

teléfono (m) móvil	mobile (m)	موبايل
pantalla (f)	ʿarḍ (m)	عرض
botón (m)	zerr (m)	زرّ
tarjeta SIM (f)	sim kard (m)	سيم كارد
pila (f)	baṭṭariya (f)	بطّاريّة
descargarse (vr)	χelṣet	خلصت
cargador (m)	ʃāḥen (m)	شاحن
menú (m)	qā'ema (f)	قائمة
preferencias (f pl)	awḍāʿ (pl)	أوضاع
melodía (f)	naɣama (f)	نغمة
seleccionar (vt)	eχtār	إختار
calculadora (f)	'āla ḥasba (f)	آلة حاسبة
contestador (m)	barīd ṣawty (m)	بريد صوتي
despertador (m)	monabbeh (m)	منبّه

contactos (m pl)	gehāt el etteṣāl (pl)	جهات الإتّصال
mensaje (m) de texto	resāla 'aṣīra ɛsɛmɛs (f)	رسالة قصيرة sms
abonado (m)	moʃtarek (m)	مشترك

46. Los artículos de escritorio. La papelería

bolígrafo (m)	'alam gāf (m)	قلم جاف
pluma (f) estilográfica	'alam rīʃa (m)	قلم ريشة
lápiz (m)	'alam roṣāṣ (m)	قلم رصاص
marcador (m)	markar (m)	ماركر
rotulador (m)	'alam fulumaster (m)	قلم فلوماستر
bloc (m) de notas	mozakkera (f)	مذكّرة
agenda (f)	gadwal el a'māl (m)	جدول الأعمال
regla (f)	masṭara (f)	مسطرة
calculadora (f)	'āla ḥasba (f)	آلة حاسبة
goma (f) de borrar	astīka (f)	استيكة
chincheta (f)	dabbūs (m)	دبّوس
clip (m)	dabbūs wara' (m)	دبّوس ورق
cola (f), pegamento (m)	ṣamɣ (m)	صمغ
grapadora (f)	dabbāsa (f)	دبّاسة
perforador (m)	χarrāma (m)	خرّامة
sacapuntas (m)	barrāya (f)	برّاية

47. Los idiomas extranjeros

lengua (f)	loɣa (f)	لغة
extranjero (adj)	agnaby	أجنبيّ
lengua (f) extranjera	loɣa agnabiya (f)	لغة أجنبية
estudiar (vt)	daras	درس
aprender (ingles, etc.)	ta'allam	تعلّم
leer (vi, vt)	'ara	قرأ
hablar (vi, vt)	kallem	كلّم
comprender (vt)	fehem	فهم
escribir (vt)	katab	كتب
rápidamente (adv)	bosor'a	بسرعة
lentamente (adv)	bo boṭ'	ببطء
con fluidez (adv)	beṭalāqa	بطلاقة
reglas (f pl)	qawā'ed (pl)	قواعد
gramática (f)	el naḥw wel ṣarf (m)	النحو والصرف
vocabulario (m)	mofradāt el loɣa (pl)	مفردات اللغة
fonética (f)	ṣawtīāt (pl)	صوتيات

manual (m)	ketāb taʿlīm (m)	كتاب تعليم
diccionario (m)	qamūs (m)	قاموس
manual (m) autodidáctico	ketāb taʿlīm zāty (m)	كتاب تعليم ذاتي
guía (f) de conversación	ketāb lel ʿebarāt el ʃāʾeʿa (m)	كتاب للعبارت الشائعة
casete (m)	kasett (m)	كاسيت
videocasete (f)	ʃerīʾṭ video (m)	شريط فيديو
disco compacto, CD (m)	sidī (m)	سي دي
DVD (m)	dividī (m)	دي في دي
alfabeto (m)	abgadiya (f)	أبجدية
deletrear (vt)	tahagga	تهجّى
pronunciación (f)	noṭʾ (m)	نطق
acento (m)	lahga (f)	لهجة
con acento	be lahga	بـ لهجة
sin acento	men ɣeyr lahga	من غير لهجة
palabra (f)	kelma (f)	كلمة
significado (m)	maʿna (m)	معنى
cursos (m pl)	dawra (f)	دورة
inscribirse (vr)	saggel esmo	سجّل إسمه
profesor (m) (~ de inglés)	modarres (m)	مدرّس
traducción (f) (proceso)	targama (f)	ترجمة
traducción (f) (texto)	targama (f)	ترجمة
traductor (m)	motargem (m)	مترجم
intérprete (m)	motargem fawwry (m)	مترجم فوّري
políglota (m)	ʿalīm beʿeddet loɣāt (m)	عليم بعدّة لغات
memoria (f)	zākera (f)	ذاكرة

LAS COMIDAS. EL RESTAURANTE

T&P Books Publishing

48. Los cubiertos

cuchara (f)	maʿla'a (f)	معلقة
cuchillo (m)	sekkīna (f)	سكّينة
tenedor (m)	ʃawka (f)	شوكة
taza (f)	fengān (m)	فنجان
plato (m)	ṭaba' (m)	طبق
platillo (m)	ṭaba' fengān (m)	طبق فنجان
servilleta (f)	mandīl wara' (m)	منديل ورق
mondadientes (m)	χallet senān (f)	خلة سنان

49. El restaurante

restaurante (m)	maṭʿam (m)	مطعم
cafetería (f)	'ahwa (f), kaféih (m)	قهوة ,كافيه
bar (m)	bār (m)	بار
salón (m) de té	ṣalone ʃāy (m)	صالون شاي
camarero (m)	garsone (m)	جرسون
camarera (f)	garsona (f)	جرسونة
barman (m)	bārman (m)	بارمان
carta (f), menú (m)	qā'emet el ṭaʿām (f)	قائمة طعام
carta (f) de vinos	qā'emet el χomūr (f)	قائمة خمور
reservar una mesa	ḥagaz sofra	حجز سفرة
plato (m)	wagba (f)	وجبة
pedir (vt)	ṭalab	طلب
hacer un pedido	ṭalab	طلب
aperitivo (m)	ʃarāb (m)	شراب
entremés (m)	moqabbelāt (pl)	مقبّلات
postre (m)	ḥalawīāt (pl)	حلويّات
cuenta (f)	ḥesāb (m)	حساب
pagar la cuenta	dafaʿ el ḥesāb	دفع الحساب
dar la vuelta	edda el bā'y	ادّي الباقي
propina (f)	ba'ʃīʃ (m)	بقشيش

50. Las comidas

comida (f)	akl (m)	أكل
comer (vi, vt)	akal	أكل

desayuno (m)	foṭūr (m)	فطور
desayunar (vi)	feṭer	فطر
almuerzo (m)	ɣada' (m)	غداء
almorzar (vi)	etɣadda	إتغدّى
cena (f)	'aʃā' (m)	عشاء
cenar (vi)	et'asʃa	إتعشّى
apetito (m)	ʃahiya (f)	شهيّة
¡Que aproveche!	bel hana wel ʃefa!	!بالهنا والشفا
abrir (vt)	fataḥ	فتح
derramar (líquido)	dala'	دلق
derramarse (líquido)	dala'	دلق
hervir (vi)	ɣely	غلى
hervir (vt)	ɣely	غلى
hervido (agua ~a)	maɣly	مغلي
enfriar (vt)	barrad	برّد
enfriarse (vr)	barrad	برّد
sabor (m)	ṭa'm (m)	طعم
regusto (m)	ṭa'm ma ba'd el mazāq (m)	طعم ما بعد المذاق
adelgazar (vi)	χass	خسّ
dieta (f)	reʒīm (m)	رجيم
vitamina (f)	vitamīn (m)	فيتامين
caloría (f)	so'ra ḥarāriya (f)	سعرة حراريّة
vegetariano (m)	nabāty (m)	نباتي
vegetariano (adj)	nabāty	نباتي
grasas (f pl)	dohūn (pl)	دهون
proteínas (f pl)	brotenāt (pl)	بروتينات
carbohidratos (m pl)	naʃawīāt (pl)	نشويّات
loncha (f)	ʃarīḥa (f)	شريحة
pedazo (m)	'eṭ'a (f)	قطعة
miga (f)	fattāta (f)	فتاتة

51. Los platos

plato (m)	wagba (f)	وجبة
cocina (f)	maṭbaχ (m)	مطبخ
receta (f)	waṣfa (f)	وصفة
porción (f)	naṣīb (m)	نصيب
ensalada (f)	solṭa (f)	سلطة
sopa (f)	ʃorba (f)	شوربة
caldo (m)	mara'a (m)	مرقة
bocadillo (m)	sandawitʃ (m)	ساندويتش
huevos (m pl) fritos	beyḍ ma'ly (m)	بيض مقلي

hamburguesa (f)	hamburger (m)	هامبورجر
bistec (m)	steak laḥm (m)	ستيك لحم
guarnición (f)	ṭabaʾ gāneby (m)	طبق جانبي
espagueti (m)	spaɣetti (m)	سباجيتي
puré (m) de patatas	baṭāṭes mahrūsa (f)	بطاطس مهروسة
pizza (f)	bītza (f)	بيتزا
gachas (f pl)	ʿaṣīda (f)	عصيدة
tortilla (f) francesa	omlette (m)	أومليت
cocido en agua (adj)	maslūʾ	مسلوق
ahumado (adj)	modakχen	مدخّن
frito (adj)	maʾly	مقلي
seco (adj)	mogaffaf	مجفّف
congelado (adj)	mogammad	مجمّد
marinado (adj)	meχallel	مخلّل
azucarado, dulce (adj)	mesakkar	مسكّر
salado (adj)	māleḥ	مالح
frío (adj)	bāred	بارد
caliente (adj)	soχn	سخن
amargo (adj)	morr	مرّ
sabroso (adj)	ḥelw	حلو
cocer en agua	salaʾ	سلق
preparar (la cena)	ḥaḍḍar	حضّر
freír (vt)	ʾala	قلي
calentar (vt)	sakχan	سخّن
salar (vt)	rasʃ malḥ	رشّ ملح
poner pimienta	rasʃ felfel	رشّ فلفل
rallar (vt)	baraʃ	برش
piel (f)	ʾeʃra (f)	قشرة
pelar (vt)	ʾasʃar	قشّر

52. La comida

carne (f)	laḥma (f)	لحمة
gallina (f)	ferāχ (m)	فراخ
pollo (m)	farrūg (m)	فرّوج
pato (m)	baṭṭa (f)	بطّة
ganso (m)	wezza (f)	وزّة
caza (f) menor	ṣeyd (m)	صيد
pava (f)	dīk rūmy (m)	ديك رومي
carne (f) de cerdo	laḥm el χanazīr (m)	لحم الخنزير
carne (f) de ternera	laḥm el ʿegl (m)	لحم العجل
carne (f) de carnero	laḥm ḍāny (m)	لحم ضاني
carne (f) de vaca	laḥm baqary (m)	لحم بقري
conejo (m)	laḥm arāneb (m)	لحم أرانب

salchichón (m)	sogo'' (m)	سجق
salchicha (f)	sogo'' (m)	سجق
beicon (m)	bakon (m)	بيكون
jamón (m)	hām(m)	هام
jamón (m) fresco	faχd χanzīr (m)	فخد خنزير
paté (m)	maʿgūn laḥm (m)	معجون لحم
hígado (m)	kebda (f)	كبدة
carne (f) picada	hamburger (m)	هامبورجر
lengua (f)	lesān (m)	لسان
huevo (m)	beyḍa (f)	بيضة
huevos (m pl)	beyḍ (m)	بيض
clara (f)	bayāḍ el beyḍ (m)	بياض البيض
yema (f)	ṣafār el beyḍ (m)	صفار البيض
pescado (m)	samak (m)	سمك
mariscos (m pl)	sīfūd (pl)	سي فود
caviar (m)	kaviar (m)	كافيار
cangrejo (m) de mar	kaboria (m)	كابوريا
camarón (m)	gammbary (m)	جمبري
ostra (f)	maḥār (m)	محار
langosta (f)	estakoza (m)	استاكوزا
pulpo (m)	aχṭabūṭ (m)	أخطبوط
calamar (m)	kalmāry (m)	كالماري
esturión (m)	samak el ḥafʃ (m)	سمك الحفش
salmón (m)	salamon (m)	سلمون
fletán (m)	samak el halbūt (m)	سمك الهلبوت
bacalao (m)	samak el qadd (m)	سمك القد
caballa (f)	makerel (m)	ماكريل
atún (m)	tuna (f)	تونة
anguila (f)	ḥankalīs (m)	حنكليس
trucha (f)	salamon mera''aṭ (m)	سلمون مرقّط
sardina (f)	sardīn (m)	سردين
lucio (m)	samak el karāky (m)	سمك الكراكي
arenque (m)	renga (f)	رنجة
pan (m)	ʿeyʃ (m)	عيش
queso (m)	gebna (f)	جبنة
azúcar (m)	sokkar (m)	سكّر
sal (f)	melḥ (m)	ملح
arroz (m)	rozz (m)	رزّ
macarrones (m pl)	makaruna (f)	مكرونة
tallarines (m pl)	nūdles (f)	نودلز
mantequilla (f)	zebda (f)	زبدة
aceite (m) vegetal	zeyt (m)	زيت

aceite (m) de girasol	zeyt ʿabbād el ʃams (m)	زيت عبّاد الشمس
margarina (f)	margarīn (m)	مارجرين
olivas, aceitunas (f pl)	zaytūn (m)	زيتون
aceite (m) de oliva	zeyt el zaytūn (m)	زيت الزيتون
leche (f)	laban (m)	لبن
leche (f) condensada	ḥalīb mokassaf (m)	حليب مكثّف
yogur (m)	zabādy (m)	زبادي
nata (f) agria	kreyma ḥamḍa (f)	كريمة حامضة
nata (f) líquida	krīma (f)	كريمة
mayonesa (f)	mayonnɛ:z (m)	مايونيز
crema (f) de mantequilla	krīmet zebda (f)	كريمة زبدة
cereales (m pl) integrales	ḥobūb ʾamḥ (pl)	حبوب قمح
harina (f)	deʾīʾ (m)	دقيق
conservas (f pl)	moʿallabāt (pl)	معلّبات
copos (m pl) de maíz	korn fleks (m)	كورن فليكس
miel (f)	ʿasal (m)	عسل
confitura (f)	mrabba (m)	مربّى
chicle (m)	lebān (m)	لبان

53. Las bebidas

agua (f)	meyāh (f)	مياه
agua (f) potable	mayet ʃorb (m)	ميّة شرب
agua (f) mineral	maya maʿdaniya (f)	ميّة معدنية
sin gas	rakeda	راكدة
gaseoso (adj)	kanz	كانز
con gas	kanz	كانز
hielo (m)	talg (m)	ثلج
con hielo	bel talg	بالتلج
sin alcohol	men ɣeyr koḥūl	من غير كحول
bebida (f) sin alcohol	maʃrūb ɣāzy (m)	مشروب غازي
refresco (m)	ḥāga saʾʿa (f)	حاجة ساقعة
limonada (f)	limonāta (f)	ليموناتة
bebidas (f pl) alcohólicas	maʃrūbat koḥuliya (pl)	مشروبات كحولية
vino (m)	χamra (f)	خمرة
vino (m) blanco	nebīz abyaḍ (m)	نبيذ أبيض
vino (m) tinto	nebī aḥmar (m)	نبيذ أحمر
licor (m)	liqure (m)	ليكيور
champaña (f)	ʃambania (f)	شمبانيا
vermú (m)	vermote (m)	فيرموت
whisky (m)	wiski (m)	ويسكي

vodka (m)	vodka (f)	فودكا
ginebra (f)	ʒin (m)	جين
coñac (m)	konyāk (m)	كونياك
ron (m)	rum (m)	رم
café (m)	ʾahwa (f)	قهوة
café (m) solo	ʾahwa sāda (f)	قهوة سادة
café (m) con leche	ʾahwa bel ḥalīb (f)	قهوة بالحليب
capuchino (m)	kaputʃino (m)	كابتشينو
café (m) soluble	neskafe (m)	نيسكافيه
leche (f)	laban (m)	لبن
cóctel (m)	koktayl (m)	كوكتيل
batido (m)	milk ʃejk (m)	ميلك شيك
zumo (m), jugo (m)	ʿaṣīr (m)	عصير
jugo (m) de tomate	ʿaṣīr ṭamāṭem (m)	عصير طماطم
zumo (m) de naranja	ʿaṣīr bortoqāl (m)	عصير برتقال
zumo (m) fresco	ʿaṣīr freʃ (m)	عصير فريش
cerveza (f)	bīra (f)	بيرة
cerveza (f) rubia	bīra χafīfa (f)	بيرة خفيفة
cerveza (f) negra	bīra ɣamʾa (f)	بيرة غامقة
té (m)	ʃāy (m)	شاي
té (m) negro	ʃāy aḥmar (m)	شاي أحمر
té (m) verde	ʃāy aχḍar (m)	شاي أخضر

54. Las verduras

legumbres (f pl)	χoḍār (pl)	خضار
verduras (f pl)	χoḍrawāt waraqiya (pl)	خضروات ورقية
tomate (m)	ṭamāṭem (f)	طماطم
pepino (m)	χeyār (m)	خيار
zanahoria (f)	gazar (m)	جزر
patata (f)	baṭāṭes (f)	بطاطس
cebolla (f)	baṣal (m)	بصل
ajo (m)	tūm (m)	ثوم
col (f)	koronb (m)	كرنب
coliflor (f)	ʾarnabīṭ (m)	قرنبيط
col (f) de Bruselas	koronb broksel (m)	كرنب بروكسل
brócoli (m)	brokkoli (m)	بركولي
remolacha (f)	bangar (m)	بنجر
berenjena (f)	bātengān (m)	باذنجان
calabacín (m)	kōsa (f)	كوسة
calabaza (f)	qarʿ ʿasaly (m)	قرع عسلي
nabo (m)	left (m)	لفت

perejil (m)	ba'dūnes (m)	بقدونس
eneldo (m)	ʃabat (m)	شبت
lechuga (f)	χass (m)	خس
apio (m)	karfas (m)	كرفس
espárrago (m)	helione (m)	هليون
espinaca (f)	sabāneχ (m)	سبانخ
guisante (m)	besella (f)	بسلّة
habas (f pl)	fūl (m)	فول
maíz (m)	dora (f)	ذرة
fréjol (m)	faṣolya (f)	فاصوليا
pimiento (m) dulce	felfel (m)	فلفل
rábano (m)	fegl (m)	فجل
alcachofa (f)	χarʃūf (m)	خرشوف

55. Las frutas. Las nueces

fruto (m)	faχa (f)	فاكهة
manzana (f)	toffāḥa (f)	تفّاحة
pera (f)	komettra (f)	كمّثرى
limón (m)	lymūn (m)	ليمون
naranja (f)	bortoqāl (m)	برتقال
fresa (f)	farawla (f)	فراولة
mandarina (f)	yosfy (m)	يوسفي
ciruela (f)	bar'ū' (m)	برقوق
melocotón (m)	χawχa (f)	خوخة
albaricoque (m)	meʃmeʃ (f)	مشمش
frambuesa (f)	tūt el ʿalī' el aḥmar (m)	توت العليق الأحمر
piña (f)	ananās (m)	أناناس
banana (f)	moze (m)	موز
sandía (f)	baṭṭīχ (m)	بطّيخ
uva (f)	ʿenab (m)	عنب
guinda (f), cereza (f)	karaz (m)	كرز
melón (m)	ʃammām (f)	شمّام
pomelo (m)	grabe frūt (m)	جريب فروت
aguacate (m)	avokado (f)	افوكاتو
papaya (f)	babāya (m)	ببايا
mango (m)	manga (m)	مانجة
granada (f)	rommān (m)	رمان
grosella (f) roja	keʃmeʃ aḥmar (m)	كشمش أحمر
grosella (f) negra	keʃmeʃ aswad (m)	كشمش أسود
grosella (f) espinosa	ʿenab el saʿlab (m)	عنب الثعلب
arándano (m)	ʿenab al aḥrāg (m)	عنب الأحراج
zarzamoras (f pl)	tūt aswad (m)	توت أسود
pasas (f pl)	zebīb (m)	زبيب

higo (m)	tīn (m)	تين
dátil (m)	tamr (m)	تمر
cacahuete (m)	fūl sudāny (m)	فول سوداني
almendra (f)	loze (m)	لوز
nuez (f)	ʿeyn gamal (f)	عين الجمل
avellana (f)	bondoʾ (m)	بندق
nuez (f) de coco	goze el hend (m)	جوز هند
pistachos (m pl)	fostoʾ (m)	فستق

56. El pan. Los dulces

pasteles (m pl)	ḥalawīāt (pl)	حلويّات
pan (m)	ʿeyʃ (m)	عيش
galletas (f pl)	baskawīt (m)	بسكويت
chocolate (m)	ʃokolāta (f)	شكولاتة
de chocolate (adj)	bel ʃokolāṭa	بالشكولاتة
caramelo (m)	bonbony (m)	بونبوني
tarta (f) (pequeña)	keyka (f)	كيكة
tarta (f) (~ de cumpleaños)	torta (f)	تورتة
tarta (f) (~ de manzana)	feṭīra (f)	فطيرة
relleno (m)	ḥaʃwa (f)	حشوة
confitura (f)	mrabba (m)	مربّى
mermelada (f)	marmalād (f)	مرملاد
gofre (m)	waffles (pl)	وافلز
helado (m)	ʾays krīm (m)	آيس كريم
pudin (m)	būding (m)	بودنج

57. Las especias

sal (f)	melḥ (m)	ملح
salado (adj)	māleḥ	مالِح
salar (vt)	rasʃ malḥ	رشّ ملح
pimienta (f) negra	felfel aswad (m)	فلفل أسوّد
pimienta (f) roja	felfel aḥmar (m)	فلفل أحمر
mostaza (f)	mosṭarda (m)	مسطردة
rábano (m) picante	fegl ḥār (m)	فجل حار
condimento (m)	bahār (m)	بهار
especia (f)	bahār (m)	بهار
salsa (f)	ṣalṣa (f)	صلصة
vinagre (m)	χall (m)	خلّ
anís (m)	yansūn (m)	ينسون
albahaca (f)	rīḥān (m)	ريحان

clavo (m)	ʾoronfol (m)	قرنفل
jengibre (m)	zangabīl (m)	زنجبيل
cilantro (m)	kozbora (f)	كزبرة
canela (f)	ʾerfa (f)	قرفة
sésamo (m)	semsem (m)	سمسم
hoja (f) de laurel	waraʾ el ɣār (m)	ورق الغار
paprika (f)	babrika (f)	بابريكا
comino (m)	karawya (f)	كراوية
azafrán (m)	zaʿfarān (m)	زعفران

LA INFORMACIÓN PERSONAL. LA FAMILIA

T&P Books Publishing

58. La información personal. Los formularios

nombre (m)	esm (m)	اسم
apellido (m)	esm el ʿaʾela (m)	اسم العائلة
fecha (f) de nacimiento	tarīχ el melād (m)	تاريخ الميلاد
lugar (m) de nacimiento	makān el melād (m)	مكان الميلاد
nacionalidad (f)	gensiya (f)	جنسيّة
domicilio (m)	maqarr el eqāma (m)	مقرّ الإقامة
país (m)	balad (m)	بلد
profesión (f)	mehna (f)	مهنة
sexo (m)	ginss (m)	جنس
estatura (f)	ṭūl (m)	طول
peso (m)	wazn (m)	وزن

59. Los familiares. Los parientes

madre (f)	walda (f)	والدة
padre (m)	wāled (m)	والد
hijo (m)	walad (m)	ولد
hija (f)	bent (f)	بنت
hija (f) menor	el bent el saɣīra (f)	البنت الصغيرة
hijo (m) menor	el ebn el saɣīr (m)	الابن الصغير
hija (f) mayor	el bent el kebīra (f)	البنت الكبيرة
hijo (m) mayor	el ebn el kabīr (m)	الابن الكبير
hermano (m)	aχ (m)	أخ
hermano (m) mayor	el aχ el kibīr (m)	الأخ الكبير
hermano (m) menor	el aχ el ṣoɣeyyir (m)	الأخ الصغير
hermana (f)	uχt (f)	أخت
hermana (f) mayor	el uχt el kibīra (f)	الأخت الكبيرة
hermana (f) menor	el uχt el ṣoɣeyyira (f)	الأخت الصغيرة
primo (m)	Ibn ʿamm (m), Ibn χāl (m)	إبن عم, إبن خال
prima (f)	bint ʿamm (f), bint χāl (f)	بنت عم, بنت خال
mamá (f)	mama (f)	ماما
papá (m)	baba (m)	بابا
padres (pl)	waldeyn (du)	والدين
niño -a (m, f)	ṭefl (m)	طفل
niños (pl)	aṭfāl (pl)	أطفال
abuela (f)	gedda (f)	جدّة
abuelo (m)	gadd (m)	جدّ

nieto (m)	ḥafīd (m)	حفيد
nieta (f)	ḥafīda (f)	حفيدة
nietos (pl)	aḥfād (pl)	أحفاد
tío (m)	ʿamm (m), χāl (m)	عمّ, خال
tía (f)	ʿamma (f), χāla (f)	عمة, خالة
sobrino (m)	ibn el aχ (m), ibn el uχt (m)	إبن الأخ, إبن الأخت
sobrina (f)	bint el aχ (f), bint el uχt (f)	بنت الأخ, بنت الأخت
suegra (f)	ḥamah (f)	حماة
suegro (m)	ḥama (m)	حما
yerno (m)	goze el bent (m)	جوز البنت
madrastra (f)	merāt el abb (f)	مرات الأب
padrastro (m)	goze el omm (m)	جوز الأم
niño (m) de pecho	ṭefl raḍeeʿ (m)	طفل رضيع
bebé (m)	mawlūd (m)	موّلود
chico (m)	walad ṣaɣīr (m)	ولد صغير
mujer (f)	goza (f)	جوزة
marido (m)	goze (m)	جوز
esposo (m)	goze (m)	جوز
esposa (f)	goza (f)	جوزة
casado (adj)	metgawwez	متجوّز
casada (adj)	metgawweza	متجوّزة
soltero (adj)	aʿzab	أعزب
soltero (m)	aʿzab (m)	أعزب
divorciado (adj)	moṭallaq (m)	مطلّق
viuda (f)	armala (f)	أرملة
viudo (m)	armal (m)	أرمل
pariente (m)	ʾarīb (m)	قريب
pariente (m) cercano	nesīb ʾarīb (m)	نسيب قريب
pariente (m) lejano	nesīb beʿīd (m)	نسيب بعيد
parientes (pl)	aqāreb (pl)	أقارب
huérfano (m), huérfana (f)	yatīm (m)	يتيم
tutor (m)	walyī amr (m)	وليّ أمر
adoptar (un niño)	tabanna	تبنّى
adoptar (una niña)	tabanna	تبنّى

60. Los amigos. Los compañeros del trabajo

amigo (m)	ṣadīq (m)	صديق
amiga (f)	ṣadīqa (f)	صديقة
amistad (f)	ṣadāqa (f)	صداقة
ser amigo	ṣādaq	صادق
amigote (m)	ṣāḥeb (m)	صاحب
amiguete (f)	ṣaḥba (f)	صاحبة

compañero (m)	rafīʾ (m)	رفيق
jefe (m)	raʾīs (m)	رئيس
superior (m)	el arfaʿ maqāman (m)	الأرفع مقاماً
propietario (m)	ṣāḥib (m)	صاحب
subordinado (m)	tābeʿ (m)	تابع
colega (m, f)	zamīl (m)	زميل
conocido (m)	maʿrefa (m)	معرفة
compañero (m) de viaje	rafīʾ safar (m)	رفيق سفر
condiscípulo (m)	zamīl fel ṣaff (m)	زميل في الصفّ
vecino (m)	gār (m)	جار
vecina (f)	gāra (f)	جارة
vecinos (pl)	gerān (pl)	جيران

EL CUERPO. LA MEDICINA

T&P Books Publishing

61. La cabeza

cabeza (f)	ra's (m)	رأس
cara (f)	weʃ (m)	وش
nariz (f)	manaχīr (m)	مناخير
boca (f)	bo' (m)	بوء
ojo (m)	ʿeyn (f)	عين
ojos (m pl)	ʿoyūn (pl)	عيون
pupila (f)	ḥad'a (f)	حدقة
ceja (f)	ḥāgeb (m)	حاجب
pestaña (f)	remʃ (m)	رمش
párpado (m)	gefn (m)	جفن
lengua (f)	lesān (m)	لسان
diente (m)	senna (f)	سنّة
labios (m pl)	ʃafāyef (pl)	شفايف
pómulos (m pl)	ʿaḍmet el χadd (f)	عضمة الخدّ
encía (f)	lassa (f)	لثّة
paladar (m)	ḥanak (m)	حنك
ventanas (f pl)	manaχer (pl)	مناخر
mentón (m)	da''n (m)	دقن
mandíbula (f)	fakk (m)	فكّ
mejilla (f)	χadd (m)	خدّ
frente (f)	gabha (f)	جبهة
sien (f)	ṣedɣ (m)	صدغ
oreja (f)	wedn (f)	ودن
nuca (f)	'afa (m)	قفا
cuello (m)	ra'aba (f)	رقبة
garganta (f)	zore (m)	زور
pelo, cabello (m)	ʃaʿr (m)	شعر
peinado (m)	tasrīḥa (f)	تسريحة
corte (m) de pelo	tasrīḥa (f)	تسريحة
peluca (f)	barūka (f)	باروكة
bigote (m)	ʃanab (pl)	شنب
barba (f)	leḥya (f)	لحية
tener (~ la barba)	ʿando	عنده
trenza (f)	ḍefīra (f)	ضفيرة
patillas (f pl)	sawālef (pl)	سوالف
pelirrojo (adj)	aḥmar el ʃaʿr	أحمر الشعر
gris, canoso (adj)	ʃaʿr abyaḍ	شعر أبيض

calvo (adj)	aṣlaʿ	أصلع
calva (f)	ṣalaʿ (m)	صلع
cola (f) de caballo	deyl ḥoṣān (m)	ديل حصان
flequillo (m)	ʾoṣṣa (f)	قصّة

62. El cuerpo

mano (f)	yad (m)	يد
brazo (m)	derāʿ (f)	دراع
dedo (m)	ṣobāʿ (m)	صباع
dedo (m) del pie	ṣobāʿ el ʾadam (m)	صباع القدم
dedo (m) pulgar	ebhām (m)	إبهام
dedo (m) meñique	χonṣor (m)	خنصر
uña (f)	ḍefr (m)	ضفر
puño (m)	qabḍa (f)	قبضة
palma (f)	kaff (f)	كفّ
muñeca (f)	meʿṣam (m)	معصم
antebrazo (m)	sāʿed (m)	ساعد
codo (m)	kūʿ (m)	كوع
hombro (m)	ketf (f)	كتف
pierna (f)	regl (f)	رجل
planta (f)	qadam (f)	قدم
rodilla (f)	rokba (f)	ركبة
pantorrilla (f)	semmāna (f)	سمّانة
cadera (f)	faχd (f)	فخد
talón (m)	kaʿb (m)	كعب
cuerpo (m)	gesm (m)	جسم
vientre (m)	baṭn (m)	بطن
pecho (m)	ṣedr (m)	صدر
seno (m)	sady (m)	ثدي
lado (m), costado (m)	ganb (m)	جنب
espalda (f)	ḍahr (m)	ضهر
zona (f) lumbar	asfal el ḍahr (m)	أسفل الضهر
cintura (f), talle (m)	wesṭ (f)	وسط
ombligo (m)	sorra (f)	سرّة
nalgas (f pl)	ardāf (pl)	أرداف
trasero (m)	debr (m)	دبر
lunar (m)	ʃāma (f)	شامة
marca (f) de nacimiento	waḥma	وحمة
tatuaje (m)	waʃm (m)	وشم
cicatriz (f)	nadba (f)	ندبة

63. Las enfermedades

enfermedad (f)	marad̩ (m)	مرض
estar enfermo	mered̩	مرض
salud (f)	ṣeḥḥa (f)	صحّة
resfriado (m) (coriza)	raʃ-ḥ fel anf (m)	رشح في الأنف
angina (f)	eltehāb el lawzateyn (m)	إلتهاب اللوزتين
resfriado (m)	zokām (m)	زكام
resfriarse (vr)	gālo bard	جاله برد
bronquitis (f)	eltehāb ʃoʿaby (m)	إلتهاب شعبيّ
pulmonía (f)	eltehāb raʾawy (m)	إلتهاب رئوي
gripe (f)	influenza (f)	إنفلونزا
miope (adj)	ʾaṣīr el naẓar	قصير النظر
présbita (adj)	beʿīd el naẓar	بعيد النظر
estrabismo (m)	ḥawal (m)	حوَل
estrábico (m) (adj)	aḥwal	أحوَل
catarata (f)	katarakt (f)	كاتاراكت
glaucoma (m)	glawkoma (f)	جلوكوما
insulto (m)	sakta (f)	سكتة
ataque (m) cardiaco	azma ʾalbiya (f)	أزمة قلبية
infarto (m) de miocardio	nawba ʾalbiya (f)	نوبة قلبية
parálisis (f)	ʃalal (m)	شلل
paralizar (vt)	ʃall	شلّ
alergia (f)	ḥasasiya (f)	حساسيّة
asma (f)	rabw (m)	ربو
diabetes (f)	dāʾ el sokkary (m)	داء السكّري
dolor (m) de muelas	alam asnān (m)	ألم الأسنان
caries (f)	naχr el asnān (m)	نخر الأسنان
diarrea (f)	es-hāl (m)	إسهال
estreñimiento (m)	emsāk (m)	إمساك
molestia (f) estomacal	edṭrāb el meʿda (m)	إضطراب المعدة
envenenamiento (m)	tasammom (m)	تسمم
envenenarse (vr)	etsammem	إتسمّم
artritis (f)	eltehāb el mafāṣel (m)	إلتهاب المفاصل
raquitismo (m)	kosāḥ el aṭfāl (m)	كساح الأطفال
reumatismo (m)	rheumatism (m)	روماتزم
ateroesclerosis (f)	taṣṣallob el ʃarayīn (m)	تصلّب الشرايين
gastritis (f)	eltehāb el meʿda (m)	إلتهاب المعدة
apendicitis (f)	eltehāb el zayda el dūdiya (m)	إلتهاب الزائدة الدودية
colecistitis (f)	eltehāb el marāra (m)	إلتهاب المرارة
úlcera (f)	qorḥa (f)	قرحة

sarampión (m)	marad el ḥaṣba (m)	مرض الحصبة
rubeola (f)	el ḥaṣba el almaniya (f)	الحصبة الألمانية
ictericia (f)	yaraqān (m)	يرقان
hepatitis (f)	eltehāb el kabed el vayrūsy (m)	إلتهاب الكبد الفيروسي
esquizofrenia (f)	fuṣām (m)	فصام
rabia (f) (hidrofobia)	dā' el kalb (m)	داء الكلب
neurosis (f)	edṭrāb ʿaṣaby (m)	إضطراب عصبي
conmoción (f) cerebral	ertegāg el moχ (m)	إرتجاج المخ
cáncer (m)	saraṭān (m)	سرطان
esclerosis (f)	taṣṣallob (m)	تصلّب
esclerosis (m) múltiple	taṣṣallob motaʿadded (m)	تصلّب متعدّد
alcoholismo (m)	edmān el χamr (m)	إدمان الخمر
alcohólico (m)	modmen el χamr (m)	مدمن الخمر
sífilis (f)	syfilis el zehry (m)	سفلس الزهري
SIDA (m)	el eydz (m)	الايدز
tumor (m)	waram (m)	ورم
maligno (adj)	χabīs	خبيث
benigno (adj)	ḥamīd (m)	حميد
fiebre (f)	ḥomma (f)	حمّى
malaria (f)	malaria (f)	ملاريا
gangrena (f)	ɣanɣarīna (f)	غنغرينا
mareo (m)	dawār el baḥr (m)	دوار البحر
epilepsia (f)	marad el ṣaraʿ (m)	مرض الصرع
epidemia (f)	wabā' (m)	وباء
tifus (m)	tyfus (m)	تيفوس
tuberculosis (f)	marad el soll (m)	مرض السلّ
cólera (f)	kōlīra (f)	كوليرا
peste (f)	ṭaʿūn (m)	طاعون

64. Los síntomas. Los tratamientos. Unidad 1

síntoma (m)	ʿarad (m)	عرض
temperatura (f)	ḥarāra (f)	حرارة
fiebre (f)	ḥomma (f)	حمّى
pulso (m)	nabḍ (m)	نبض
mareo (m) (vértigo)	dawχa (f)	دوخة
caliente (adj)	soχn	سخن
escalofrío (m)	raʿʃa (f)	رعشة
pálido (adj)	aṣfar	أصفر
tos (f)	koḥḥa (f)	كحّة
toser (vi)	kaḥḥ	كحّ

estornudar (vi)	ʿaṭas	عطس
desmayo (m)	dawχa (f)	دوخة
desmayarse (vr)	oɣma ʿaleyh	أغمي عليه
moradura (f)	kadma (f)	كدمة
chichón (m)	tawarrom (m)	تورّم
golpearse (vr)	etχabaṭ	إتخبط
magulladura (f)	raḍḍa (f)	رضّة
magullarse (vr)	etkadam	إتكدم
cojear (vi)	ʿarag	عرج
dislocación (f)	χalʿ (m)	خلع
dislocar (vt)	χalaʿ	خلع
fractura (f)	kasr (m)	كسر
tener una fractura	enkasar	إنكسر
corte (m) (tajo)	garḥ (m)	جرح
cortarse (vr)	garaḥ nafsoh	جرح نفسه
hemorragia (f)	nazīf (m)	نزيف
quemadura (f)	ḥarʾ (m)	حرق
quemarse (vr)	et-ḥaraʾ	إتحرق
pincharse (~ el dedo)	waχaz	وخز
pincharse (vr)	waχaz nafso	وخز نفسه
herir (vt)	aṣāb	أصاب
herida (f)	eṣāba (f)	إصابة
lesión (f) (herida)	garḥ (m)	جرح
trauma (m)	ṣadma (f)	صدمة
delirar (vi)	haza	هذى
tartamudear (vi)	talaʿsam	تلعثم
insolación (f)	ḍarabet ʃams (f)	ضربة شمس

65. Los síntomas. Los tratamientos. Unidad 2

dolor (m)	alam (m)	ألم
astilla (f)	ʃazya (f)	شظية
sudor (m)	ʿerʾ (m)	عرق
sudar (vi)	ʿereʾ	عرق
vómito (m)	targeeʿ (m)	ترجيع
convulsiones (f pl)	taʃonnogāt (pl)	تشنّجات
embarazada (adj)	ḥāmel	حامل
nacer (vi)	etwalad	اتولّد
parto (m)	welāda (f)	ولادة
dar a luz	walad	ولد
aborto (m)	eg-hāḍ (m)	إجهاض
respiración (f)	tanaffos (m)	تنفّس

inspiración (f)	estenʃāq (m)	إستنشاق
espiración (f)	zafīr (m)	زفير
espirar (vi)	zafar	زفر
inspirar (vi)	estanʃaq	إستنشق
inválido (m)	moʿāq (m)	معاق
mutilado (m)	moqʿad (m)	مقعد
drogadicto (m)	modmen moχaddarāt (m)	مدمن مخدّرات
sordo (adj)	aṭraʃ	أطرش
mudo (adj)	aχras	أخرس
sordomudo (adj)	aṭraʃ aχras	أطرش أخرس
loco (adj)	magnūn	مجنون
loco (m)	magnūn (m)	مجنون
loca (f)	magnūna (f)	مجنونة
volverse loco	etgannen	اتجنّن
gen (m)	ʒīn (m)	جين
inmunidad (f)	manāʿa (f)	مناعة
hereditario (adj)	werāsy	وراثي
de nacimiento (adj)	χolqy men el welāda	خلقي من الولادة
virus (m)	virūs (m)	فيروس
microbio (m)	mikrūb (m)	ميكروب
bacteria (f)	garsūma (f)	جرثومة
infección (f)	ʿadwa (f)	عدوى

66. Los síntomas. Los tratamientos. Unidad 3

hospital (m)	mostaʃfa (m)	مستشفى
paciente (m)	marīḍ (m)	مريض
diagnosis (f)	taʃχīṣ (m)	تشخيص
cura (f)	ʃefāʾ (m)	شفاء
tratamiento (m)	ʿelāg ṭebby (m)	علاج طبي
curarse (vr)	etʿāleg	اتعالج
tratar (vt)	ʿālag	عالج
cuidar (a un enfermo)	marraḍ	مرّض
cuidados (m pl)	ʿenāya (f)	عناية
operación (f)	ʿamaliya grāḥiya (f)	عمليّة جراحية
vendar (vt)	ḍammad	ضمّد
vendaje (m)	taḍmīd (m)	تضميد
vacunación (f)	talqīḥ (m)	تلقيح
vacunar (vt)	laqqaḥ	لقّح
inyección (f)	ḥoʾna (f)	حقنة
aplicar una inyección	ḥaʾan ebra	حقن إبرة
ataque (m)	nawba (f)	نوبة

amputación (f)	batr (m)	بتر
amputar (vt)	batr	بتر
coma (m)	ɣaybūba (f)	غيبوبة
estar en coma	kān fi ḥālet ɣaybūba	كان في حالة غيبوبة
revitalización (f)	el ʿenāya el morakkaza (f)	العناية المركّزة
recuperarse (vr)	ʃefy	شفي
estado (m) (de salud)	ḥāla (f)	حالة
consciencia (f)	waʿy (m)	وعي
memoria (f)	zākera (f)	ذاكرة
extraer (un diente)	χalaʿ	خلع
empaste (m)	ḥaʃww (m)	حشو
empastar (vt)	ḥaʃa	حشا
hipnosis (f)	el tanwīm el meɣnaṭīsy (m)	التنويم المغناطيسى
hipnotizar (vt)	nawwem	نوّم

67. La medicina. Las drogas. Los accesorios

medicamento (m), droga (f)	dawāʾ (m)	دواء
remedio (m)	ʿelāg (m)	علاج
prescribir (vt)	waṣaf	وصف
receta (f)	waṣfa (f)	وصفة
tableta (f)	ʾorṣ (m)	قرص
ungüento (m)	marham (m)	مرهم
ampolla (f)	ambūla (f)	أمبولة
mixtura (f), mezcla (f)	dawāʾ ʃorb (m)	دواء شراب
sirope (m)	ʃarāb (m)	شراب
píldora (f)	ḥabba (f)	حبّة
polvo (m)	zorūr (m)	ذرور
venda (f)	ḍammāda ʃāʃ (f)	ضمادة شاش
algodón (m) (discos de ~)	ʾoṭn (m)	قطن
yodo (m)	yūd (m)	يود
tirita (f), curita (f)	blaster (m)	بلاستر
pipeta (f)	ʾaṭṭāra (f)	قطّارة
termómetro (m)	termometr (m)	ترمومتر
jeringa (f)	serennga (f)	سرنّجة
silla (f) de ruedas	korsy motaḥarrek (m)	كرسي متحرك
muletas (f pl)	ʿokkāz (m)	عكّاز
anestésico (m)	mosakken (m)	مسكّن
purgante (m)	molayen (m)	مليّن
alcohol (m)	etanol (m)	إيثانول
hierba (f) medicinal	aʿʃāb ṭebbiya (pl)	أعشاب طبّية
de hierbas (té ~)	ʿoʃby	عشبي

EL APARTAMENTO

T&P Books Publishing

68. El apartamento

apartamento (m)	ʃa’’a (f)	شقّة
habitación (f)	oḍa (f)	أوضة
dormitorio (m)	oḍet el nome (f)	أوضة النوم
comedor (m)	oḍet el sofra (f)	أوضة السفرة
salón (m)	oḍet el esteqbāl (f)	أوضة الإستقبال
despacho (m)	maktab (m)	مكتب
antecámara (f)	madχal (m)	مدخل
cuarto (m) de baño	ḥammām (m)	حمّام
servicio (m)	ḥammām (m)	حمّام
techo (m)	sa’f (m)	سقف
suelo (m)	arḍiya (f)	أرضية
rincón (m)	zawya (f)	زاوية

69. Los muebles. El interior

muebles (m pl)	asās (m)	أثاث
mesa (f)	maktab (m)	مكتب
silla (f)	korsy (m)	كرسي
cama (f)	serīr (m)	سرير
sofá (m)	kanaba (f)	كنبة
sillón (m)	korsy (m)	كرسي
librería (f)	χazzānet kotob (f)	خزّانة كتب
estante (m)	raff (m)	رفّ
armario (m)	dolāb (m)	دولاب
percha (f)	ʃammāʿa (f)	شمّاعة
perchero (m) de pie	ʃammāʿa (f)	شمّاعة
cómoda (f)	dolāb adrāg (m)	دولاب أدراج
mesa (f) de café	ṭarabeyzet el ’ahwa (f)	طرابيزة القهوة
espejo (m)	merāya (f)	مراية
tapiz (m)	seggāda (f)	سجّادة
alfombra (f)	seggāda (f)	سجّادة
chimenea (f)	daffāya (f)	دفّاية
vela (f)	ʃamʿa (f)	شمعة
candelero (m)	ʃamʿadān (m)	شمعدان
cortinas (f pl)	satā’er (pl)	ستائر

empapelado (m)	wara' ḥā'eṭ (m)	ورق حائط
estor (m) de láminas	satā'er ofoqiya (pl)	ستائر أفقيّة
lámpara (f) de mesa	abāʒūr (f)	اباجورة
aplique (m)	lammbet ḥā'eṭ (f)	لمّبة حائط
lámpara (f) de pie	meṣbāḥ arḍy (m)	مصباح أرضي
lámpara (f) de araña	nagafa (f)	نجفة
pata (f) (~ de la mesa)	regl (f)	رجل
brazo (m)	masnad (m)	مسند
espaldar (m)	masnad (m)	مسند
cajón (m)	dorg (m)	درج

70. Los accesorios de cama

ropa (f) de cama	bayāḍāt el serīr (pl)	بياضات السرير
almohada (f)	maχadda (f)	مخدّة
funda (f)	kīs el maχadda (m)	كيس المخدّة
manta (f)	leḥāf (m)	لحاف
sábana (f)	melāya (f)	ملاية
sobrecama (f)	ɣaṭā' el serīr (m)	غطاء السرير

71. La cocina

cocina (f)	maṭbaχ (m)	مطبخ
gas (m)	ɣāz (m)	غاز
cocina (f) de gas	botoɣāz (m)	بوتوغاز
cocina (f) eléctrica	forn kaharabā'y (m)	فرن كهربائي
horno (m)	forn (m)	فرن
horno (m) microondas	mikroweyv (m)	ميكروويف
frigorífico (m)	tallāga (f)	ثلاجة
congelador (m)	freyzer (m)	فريزر
lavavajillas (m)	ɣassālet aṭbā' (f)	غسّالة أطباق
picadora (f) de carne	farrāmet laḥm (f)	فرّامة لحم
exprimidor (m)	'aṣṣāra (f)	عصّارة
tostador (m)	maḥmaṣet χobz (f)	محمصة خبز
batidora (f)	χallāṭ (m)	خلّاط
cafetera (f) (aparato de cocina)	makinet ṣon' el 'ahwa (f)	ماكينة صنع القهوة
cafetera (f) (para servir)	ɣallāya kahraba'iya (f)	غلّاية القهوة
molinillo (m) de café	maṭ-ḥanet 'ahwa (f)	مطحنة قهوة
hervidor (m) de agua	ɣallāya (f)	غلّاية
tetera (f)	barrād el ʃāy (m)	برّاد الشاي
tapa (f)	ɣaṭā' (m)	غطاء

colador (m) de té	maṣfāh el ʃāy (f)	مصفاة الشاي
cuchara (f)	maʿlaʾa (f)	معلقة
cucharilla (f)	maʿlaʾet ʃāy (f)	معلقة شاي
cuchara (f) de sopa	maʿlaʾa kebīra (f)	ملعقة كبيرة
tenedor (m)	ʃawka (f)	شوكة
cuchillo (m)	sekkīna (f)	سكّينة
vajilla (f)	awāny (pl)	أواني
plato (m)	ṭabaʾ (m)	طبق
platillo (m)	ṭabaʾ fengān (m)	طبق فنجان
vaso (m) de chupito	kāsa (f)	كاسة
vaso (m) (~ de agua)	kobbāya (f)	كوبّاية
taza (f)	fengān (m)	فنجان
azucarera (f)	sokkariya (f)	سكّريّة
salero (m)	mamlaḥa (f)	مملحة
pimentero (m)	mobhera (f)	مبهرة
mantequera (f)	ṭabaʾ zebda (m)	طبق زبدة
cacerola (f)	ḥalla (f)	حلّة
sartén (f)	ṭāsa (f)	طاسة
cucharón (m)	maɣrafa (f)	مغرفة
colador (m)	maṣfāh (f)	مصفاه
bandeja (f)	ṣeniya (f)	صينيّة
botella (f)	ezāza (f)	إزازة
tarro (m) de vidrio	barṭamān (m)	برطمان
lata (f)	kanz (m)	كانز
abrebotellas (m)	fattāḥa (f)	فتّاحة
abrelatas (m)	fattāḥa (f)	فتّاحة
sacacorchos (m)	barrīma (f)	بريّمة
filtro (m)	filter (m)	فلتر
filtrar (vt)	ṣaffa	صفّى
basura (f)	zebāla (f)	زبالة
cubo (m) de basura	ṣandūʾ el zebāla (m)	صندوق الزبالة

72. El baño

cuarto (m) de baño	ḥammām (m)	حمّام
agua (f)	meyāh (f)	مياه
grifo (m)	ḥanafiya (f)	حنفيّة
agua (f) caliente	maya soxna (f)	مايّة سخنة
agua (f) fría	maya barda (f)	مايّة باردة
pasta (f) de dientes	maʿgūn asnān (m)	معجون أسنان
limpiarse los dientes	naḍḍaf el asnān	نظّف الأسنان
cepillo (m) de dientes	forʃet senān (f)	فرشة أسنان

afeitarse (vr)	ḥala'	حلق
espuma (f) de afeitar	raɣwa lel ḥelā'a (f)	رغوة للحلاقة
maquinilla (f) de afeitar	mūs (m)	موس
lavar (vt)	ɣasal	غسل
darse un baño	estaḥamma	إستحمّى
ducha (f)	doʃ (m)	دوش
darse una ducha	aχad doʃ	أخد دوش
bañera (f)	banyo (m)	بانيو
inodoro (m)	twalet (m)	تواليت
lavabo (m)	ḥoḍe (m)	حوض
jabón (m)	ṣabūn (m)	صابون
jabonera (f)	ṣabbāna (f)	صبّانة
esponja (f)	līfa (f)	ليفة
champú (m)	ʃambū (m)	شامبو
toalla (f)	fūṭa (f)	فوطة
bata (f) de baño	robe el ḥammām (m)	روب حمّام
colada (f), lavado (m)	ɣasīl (m)	غسيل
lavadora (f)	ɣassāla (f)	غسّالة
lavar la ropa	ɣasal el malābes	غسل الملابس
detergente (m) en polvo	mas-ḥū' ɣasīl (m)	مسحوق غسيل

73. Los aparatos domésticos

televisor (m)	televizion (m)	تليفزيون
magnetófono (m)	gehāz tasgīl (m)	جهاز تسجيل
vídeo (m)	'āla tasgīl video (f)	آلة تسجيل فيديو
radio (m)	gehāz radio (m)	جهاز راديو
reproductor (m) (~ MP3)	blayer (m)	بليير
proyector (m) de vídeo	gehāz 'arḍ (m)	جهاز عرض
sistema (m) home cinema	sinema manzeliya (f)	سينما منزليّة
reproductor (m) de DVD	dividī blayer (m)	دي في دي بليير
amplificador (m)	mokabbaer el ṣote (m)	مكبّر الصوت
videoconsola (f)	'ātāry (m)	أتاري
cámara (f) de vídeo	kamera video (f)	كاميرا فيديو
cámara (f) fotográfica	kamera (f)	كاميرا
cámara (f) digital	kamera diʒital (f)	كاميرا ديجيتال
aspirador (m), aspiradora (f)	maknasa kahraba'iya (f)	مكنسة كهربائيّة
plancha (f)	makwa (f)	مكواة
tabla (f) de planchar	lawḥet kayī (f)	لوحة كيّ
teléfono (m)	telefon (m)	تليفون
teléfono (m) móvil	mobile (m)	موبايل

máquina (f) de escribir	'āla katba (f)	آلة كاتبة
máquina (f) de coser	makanet el χeyāṭa (f)	مكنة الخياطة
micrófono (m)	mikrofon (m)	ميكروفون
auriculares (m pl)	sammaʿāt ra'siya (pl)	سمّاعات رأسية
mando (m) a distancia	remowt kontrol (m)	ريموت كنترول
CD (m)	sidī (m)	سي دي
casete (m)	kasett (m)	كاسيت
disco (m) de vinilo	esṭewāna mūsīqa (f)	أسطوانة موسيقى

LA TIERRA. EL TIEMPO

T&P Books Publishing

74. El espacio

cosmos (m)	faḍā' (m)	فضاء
espacial, cósmico (adj)	faḍā'y	فضائي
espacio (m) cósmico	el faḍā' el χāregy (m)	الفضاء الخارجي
mundo (m)	ʿālam (m)	عالم
universo (m)	el kōn (m)	الكون
galaxia (f)	el magarra (f)	المجرّة
estrella (f)	negm (m)	نجم
constelación (f)	borg (m)	برج
planeta (m)	kawwkab (m)	كوكب
satélite (m)	'amar ṣenāʿy (m)	قمر صناعي
meteorito (m)	nayzek (m)	نيّزك
cometa (m)	mozannab (m)	مذنّب
asteroide (m)	kowaykeb (m)	كويكب
órbita (f)	madār (m)	مدار
girar (vi)	dār	دار
atmósfera (f)	el ɣelāf el gawwy (m)	الغلاف الجوّي
Sol (m)	el ʃams (f)	الشمس
sistema (m) solar	el magmūʿa el ʃamsiya (f)	المجموعة الشمسيّة
eclipse (m) de Sol	kosūf el ʃams (m)	كسوف الشمس
Tierra (f)	el arḍ (f)	الأرض
Luna (f)	el 'amar (m)	القمر
Marte (m)	el marrīχ (m)	المرّيخ
Venus (f)	el zahra (f)	الزهرة
Júpiter (m)	el moʃtary (m)	المشتري
Saturno (m)	zoḥḥol (m)	زحل
Mercurio (m)	ʿaṭāred (m)	عطارد
Urano (m)	uranus (m)	اورانوس
Neptuno (m)	nibtūn (m)	نبتون
Plutón (m)	bluto (m)	بلوتو
la Vía Láctea	darb el tebbāna (m)	درب التبّانة
la Osa Mayor	el dobb el akbar (m)	الدب الأكبر
la Estrella Polar	negm el 'oṭb (m)	نجم القطب
marciano (m)	sāken el marrīχ (m)	ساكن المرّيخ
extraterrestre (m)	faḍā'y (m)	فضائي
planetícola (m)	kā'en faḍā'y (m)	كائن فضائي

platillo (m) volante	ṭaba' ṭā'er (m)	طبق طائر
nave (f) espacial	markaba faḍa'iya (f)	مركبة فضائية
estación (f) orbital	maḥaṭṭet faḍā' (f)	محطّة فضاء
despegue (m)	enṭelāq (m)	إنطلاق
motor (m)	motore (m)	موتور
tobera (f)	manfaθ (m)	منفث
combustible (m)	woqūd (m)	وقود
carlinga (f)	kabīna (f)	كابينة
antena (f)	hawā'y (m)	هوائي
ventana (f)	kowwa mostadīra (f)	كوّة مستديرة
batería (f) solar	lawḥa ʃamsiya (f)	لوحة شمسيّة
escafandra (f)	badlet el faḍā' (f)	بدلة الفضاء
ingravidez (f)	en'edām wazn (m)	إنعدام الوزن
oxígeno (m)	oksiʒīn (m)	أوكسجين
atraque (m)	rasw (m)	رسو
realizar el atraque	rasa	رسى
observatorio (m)	marṣad (m)	مرصد
telescopio (m)	teleskop (m)	تلسكوب
observar (vt)	rāqab	راقب
explorar (~ el universo)	estakʃef	إستكشف

75. La tierra

Tierra (f)	el arḍ (f)	الأرض
globo (m) terrestre	el kora el arḍiya (f)	الكرة الأرضيّة
planeta (m)	kawwkab (m)	كوكب
atmósfera (f)	el ɣelāf el gawwy (m)	الغلاف الجوّي
geografía (f)	goɣrafia (f)	جغرافيا
naturaleza (f)	ṭabee'a (f)	طبيعة
globo (m) terráqueo	namūzag lel kora el arḍiya (m)	نموذج للكرة الأرضيّة
mapa (m)	χarīṭa (f)	خريطة
atlas (m)	aṭlas (m)	أطلس
Europa (f)	orobba (f)	أوروبّا
Asia (f)	asya (f)	آسيا
África (f)	afreqia (f)	أفريقيا
Australia (f)	ostorālya (f)	أستراليا
América (f)	amrīka (f)	أمريكا
América (f) del Norte	amrīka el ʃamaliya (f)	أمريكا الشماليّة
América (f) del Sur	amrīka el ganūbiya (f)	أمريكا الجنوبيّة
Antártida (f)	el qoṭb el ganūby (m)	القطب الجنوبي
Ártico (m)	el qoṭb el ʃamāly (m)	القطب الشمالي

76. Los puntos cardinales

norte (m)	ʃemāl (m)	شمال
al norte	lel ʃamāl	للشمال
en el norte	fel ʃamāl	في الشمال
del norte (adj)	ʃamāly	شمالي
sur (m)	ganūb (m)	جنوب
al sur	lel ganūb	للجنوب
en el sur	fel ganūb	في الجنوب
del sur (adj)	ganūby	جنوبي
oeste (m)	ɣarb (m)	غرب
al oeste	lel ɣarb	للغرب
en el oeste	fel ɣarb	في الغرب
del oeste (adj)	ɣarby	غربي
este (m)	ʃarʾ (m)	شرق
al este	lel ʃarʾ	للشرق
en el este	fel ʃarʾ	في الشرق
del este (adj)	ʃarʾy	شرقي

77. El mar. El océano

mar (m)	baḥr (m)	بحر
océano (m)	moḥīṭ (m)	محيط
golfo (m)	χalīg (m)	خليج
estrecho (m)	maḍīq (m)	مضيق
tierra (f) firme	barr (m)	برّ
continente (m)	qārra (f)	قارّة
isla (f)	gezīra (f)	جزيرة
península (f)	ʃebh gezeyra (f)	شبه جزيرة
archipiélago (m)	magmūʿet gozor (f)	مجموعة جزر
bahía (f)	χalīg (m)	خليج
ensenada, bahía (f)	mināʾ (m)	ميناء
laguna (f)	lagūn (m)	لاجون
cabo (m)	raʾs (m)	رأس
atolón (m)	gezīra morganiya estwaʾiya (f)	جزيزة مرجانيّة إستوائيّة
arrecife (m)	ʃoʿāb (pl)	شعاب
coral (m)	morgān (m)	مرجان
arrecife (m) de coral	ʃoʿāb morganiya (pl)	شعاب مرجانية
profundo (adj)	ʿamīq	عميق
profundidad (f)	ʿomq (m)	عمق
abismo (m)	el ʿomq el saḥīq (m)	العمق السحيق

fosa (f) oceánica	χondoq (m)	خندق
corriente (f)	tayār (m)	تيّار
bañar (rodear)	ḥāṭ	حاط
orilla (f)	sāḥel (m)	ساحل
costa (f)	sāḥel (m)	ساحل
flujo (m)	tayār (m)	تيّار
reflujo (m)	gozor (m)	جزر
banco (m) de arena	meyāh ḍaḥla (f)	مياه ضحلة
fondo (m)	qāʿ (m)	قاع
ola (f)	mouga (f)	موجة
cresta (f) de la ola	qemma (f)	قمّة
espuma (f)	zabad el baḥr (m)	زبد البحر
tempestad (f)	ʿāṣefa (f)	عاصفة
huracán (m)	eʿṣār (m)	إعصار
tsunami (m)	tsunāmy (m)	تسونامي
bonanza (f)	hodūʾ (m)	هدوء
calmo, tranquilo	hady	هادئ
polo (m)	ʾoṭb (m)	قطب
polar (adj)	ʾoṭby	قطبي
latitud (f)	ʿarḍ (m)	عرض
longitud (f)	χaṭṭ ṭūl (m)	خطّ طول
paralelo (m)	motawāz (m)	متواز
ecuador (m)	χaṭṭ el estewāʾ (m)	خطّ الإستواء
cielo (m)	samāʾ (f)	سماء
horizonte (m)	ofoq (m)	أفق
aire (m)	hawāʾ (m)	هواء
faro (m)	manāra (f)	منارة
bucear (vi)	ɣāṣ	غاص
hundirse (vr)	ɣereʾ	غرق
tesoros (m pl)	konūz (pl)	كنوز

78. Los nombres de los mares y los océanos

océano (m) Atlántico	el moḥeyṭ el aṭlanṭy (m)	المحيط الأطلنطي
océano (m) Índico	el moḥeyṭ el hendy (m)	المحيط الهندي
océano (m) Pacífico	el moḥeyṭ el hādy (m)	المحيط الهادي
océano (m) Glacial Ártico	el moḥeyṭ el motagammed el ʃamāly (m)	المحيط المتجمّد الشمالي
mar (m) Negro	el baḥr el aswad (m)	البحر الأسود
mar (m) Rojo	el baḥr el aḥmar (m)	البحر الأحمر
mar (m) Amarillo	el baḥr el aṣfar (m)	البحر الأصفر

mar (m) Blanco	el baḥr el abyaḍ (m)	البحر الأبيض
mar (m) Caspio	baḥr qazwīn (m)	بحر قزوين
mar (m) Muerto	el baḥr el mayet (m)	البحر الميّت
mar (m) Mediterráneo	el baḥr el abyaḍ el motawasseṭ (m)	البحر الأبيض المتوسّط
mar (m) Egeo	baḥr eygah (m)	بحر إيجة
mar (m) Adriático	el baḥr el adreyatīky (m)	البحر الأدرياتيكي
mar (m) Arábigo	baḥr el ʿarab (m)	بحر العرب
mar (m) del Japón	baḥr el yabān (m)	بحر اليابان
mar (m) de Bering	baḥr bering (m)	بحر بيرينغ
mar (m) de la China Meridional	baḥr el ṣeyn el ganūby (m)	بحر الصين الجنوبي
mar (m) del Coral	baḥr el morgān (m)	بحر المرجان
mar (m) de Tasmania	baḥr tazman (m)	بحر تسمان
mar (m) Caribe	el baḥr el karīby (m)	البحر الكاريبي
mar (m) de Barents	baḥr barents (m)	بحر بارنتس
mar (m) de Kara	baḥr kara (m)	بحر كارا
mar (m) del Norte	baḥr el ʃamāl (m)	بحر الشمال
mar (m) Báltico	baḥr el balṭīq (m)	بحر البلطيق
mar (m) de Noruega	baḥr el nerwīg (m)	بحر النرويج

79. Las montañas

montaña (f)	gabal (m)	جبل
cadena (f) de montañas	selselet gebāl (f)	سلسلة جبال
cresta (f) de montañas	notūʾ el gabal (m)	نتوء الجبل
cima (f)	qemma (f)	قمّة
pico (m)	qemma (f)	قمّة
pie (m)	asfal (m)	أسفل
cuesta (f)	monḥadar (m)	منحدر
volcán (m)	borkān (m)	بركان
volcán (m) activo	borkān naʃeṭ (m)	بركان نشط
volcán (m) apagado	borkān χāmed (m)	بركان خامد
erupción (f)	sawarān (m)	ثوّران
cráter (m)	fawhet el borkān (f)	فوهة البركان
magma (m)	magma (f)	ماجما
lava (f)	ḥomam borkāniya (pl)	حمم بركانية
fundido (lava ~a)	monṣahera	منصهرة
cañón (m)	wādy ḍayeʾ (m)	وادي ضيّق
desfiladero (m)	mamarr ḍayeʾ (m)	ممرّ ضيّق
grieta (f)	ʃaʾʾ (m)	شقّ

precipicio (m)	hāwya (f)	هاوية
puerto (m) (paso)	mamarr gabaly (m)	ممرّ جبلي
meseta (f)	haḍaba (f)	هضبة
roca (f)	garf (m)	جرف
colina (f)	tall (m)	تلّ
glaciar (m)	nahr galīdy (m)	نهر جليدي
cascada (f)	ʃallāl (m)	شلّال
geiser (m)	nabʿ maya ḥāra (m)	نبع ميّة حارة
lago (m)	boḥeyra (f)	بحيرة
llanura (f)	sahl (m)	سهل
paisaje (m)	manzar ṭabeeʿy (m)	منظر طبيعي
eco (m)	ṣada (m)	صدى
alpinista (m)	motasalleq el gebāl (m)	متسلّق الجبال
escalador (m)	motasalleq ṣoχūr (m)	متسلّق صخور
conquistar (vt)	taɣallab ʿala	تغلّب على
ascensión (f)	tasalloq (m)	تسلّق

80. Los nombres de las montañas

Alpes (m pl)	gebāl el alb (pl)	جبال الألب
Montblanc (m)	mōn blōn (m)	مون بلون
Pirineos (m pl)	gebāl el barānes (pl)	جبال البرانس
Cárpatos (m pl)	gebāl el karbāt (pl)	جبال الكاربات
Urales (m pl)	gebāl el urāl (pl)	جبال الأورال
Cáucaso (m)	gebāl el qoqāz (pl)	جبال القوقاز
Elbrus (m)	gabal elbrus (m)	جبل إلبروس
Altai (m)	gebāl altāy (pl)	جبال ألتاي
Tian-Shan (m)	gebāl tian ʃan (pl)	جبال تيان شان
Pamir (m)	gebāl bamir (pl)	جبال بامير
Himalayos (m pl)	himalāya (pl)	هيمالايا
Everest (m)	gabal everest (m)	جبل افرست
Andes (m pl)	gebāl el andīz (pl)	جبال الأنديز
Kilimanjaro (m)	gabal kilimanʒaro (m)	جبل كليمنجارو

81. Los ríos

río (m)	nahr (m)	نهر
manantial (m)	ʿeyn (m)	عين
lecho (m) (curso de agua)	magra el nahr (m)	مجرى النهر
cuenca (f) fluvial	ḥoḍe (m)	حوض
desembocar en ...	ṣabb fe ...	صبّ في...
afluente (m)	rāfed (m)	رافد

ribera (f)	ḍaffa (f)	ضفّة
corriente (f)	tayār (m)	تيّار
río abajo (adv)	maʿ ettigāh magra el nahr	مع إتّجاه مجرى النهر
río arriba (adv)	ḍed el tayār	ضد التيار
inundación (f)	ɣamr (m)	غمر
riada (f)	fayaḍān (m)	فيضان
desbordarse (vr)	fāḍ	فاض
inundar (vt)	ɣamar	غمر
bajo (m) arenoso	meyāh ḍaḥla (f)	مياه ضحلة
rápido (m)	monḥadar el nahr (m)	منحدر النهر
presa (f)	sadd (m)	سدّ
canal (m)	qanah (f)	قناة
lago (m) artificiale	χazzān māʾy (m)	خزّان مائي
esclusa (f)	bawwāba qanṭara (f)	بوّابة قنطرة
cuerpo (m) de agua	berka (f)	بركة
pantano (m)	mostanqaʿ (m)	مستنقع
ciénaga (f)	mostanqaʿ (m)	مستنقع
remolino (m)	dawwāma (f)	دوّامة
arroyo (m)	gadwal (m)	جدوّل
potable (adj)	el ʃorb	الشرب
dulce (agua ~)	ʿazb	عذب
hielo (m)	galīd (m)	جليد
helarse (el lago, etc.)	etgammed	إتجمّد

82. Los nombres de los ríos

Sena (m)	el seyn (m)	السين
Loira (m)	el lua:r (m)	اللوار
Támesis (m)	el teymz (m)	التيمز
Rin (m)	el rayn (m)	الراين
Danubio (m)	el danūb (m)	الدانوب
Volga (m)	el volga (m)	الفولغا
Don (m)	el done (m)	الدون
Lena (m)	lena (m)	لينا
Río (m) Amarillo	el nahr el aṣfar (m)	النهر الأصفر
Río (m) Azul	el yangesty (m)	اليانغستي
Mekong (m)	el mekong (m)	الميكونغ
Ganges (m)	el ɣang (m)	الغانج
Nilo (m)	el nīl (m)	النيل
Congo (m)	el kongo (m)	الكونغو

Okavango (m)	okavango (m)	أوكافانجو
Zambeze (m)	el zambizi (m)	الزمبيزي
Limpopo (m)	limbobo (m)	ليمبوبو
Misisipi (m)	el mississibbi (m)	الميسيسيبي

83. El bosque

bosque (m)	ɣāba (f)	غابة
de bosque (adj)	ɣāba	غابة
espesura (f)	ɣāba kasīfa (f)	غابة كثيفة
bosquecillo (m)	bostān (m)	بستان
claro (m)	ezālet el ɣābāt (f)	إزالة الغابات
maleza (f)	agama (f)	أجمة
matorral (m)	arāḍy el ʃogayrāt (pl)	أراضي الشجيرات
senda (f)	mamarr (m)	ممرّ
barranco (m)	wādy ḍaye' (m)	وادي ضيّق
árbol (m)	ʃagara (f)	شجرة
hoja (f)	wara'a (f)	ورقة
follaje (m)	wara' (m)	ورق
caída (f) de hojas	tasā'oṭ el awrā' (m)	تساقط الأوراق
caer (las hojas)	saqaṭ	سقط
cima (f)	ra's (m)	رأس
rama (f)	ɣoṣn (m)	غصن
rama (f) (gruesa)	ɣoṣn ra'īsy (m)	غصن رئيسي
brote (m)	bor'om (m)	برعم
aguja (f)	ʃawka (f)	شوكة
piña (f)	kūz el ṣnowbar (m)	كوز الصنوبر
agujero (m)	gofe (m)	جوف
nido (m)	'eʃ (m)	عشّ
tronco (m)	gez' (m)	جذع
raíz (f)	gezr (m)	جذر
corteza (f)	leḥā' (m)	لحاء
musgo (m)	ṭaḥlab (m)	طحلب
extirpar (vt)	eqtala'	إقتلع
talar (vt)	'aṭṭa'	قطّع
deforestar (vt)	azāl el ɣabāt	أزال الغابات
tocón (m)	gez' el ʃagara (m)	جذع الشجرة
hoguera (f)	nār moχayem (m)	نار مخيّم
incendio (m) forestal	ḥarī' ɣāba (m)	حريق غابة
apagar (~ el incendio)	ṭaffa	طفّى

guarda (m) forestal	ḥāres el ɣāba (m)	حارس الغابة
protección (f)	ḥemāya (f)	حماية
proteger (vt)	ḥama	حمى
cazador (m) furtivo	sāre' el ṣeyd (m)	سارق الصيد
cepo (m)	maṣyada (f)	مصيّدة
recoger (setas, bayas)	gamma'	جمّع
perderse (vr)	tāh	تاه

84. Los recursos naturales

recursos (m pl) naturales	sarawāt ṭabi'iya (pl)	ثروات طبيعيّة
recursos (m pl) subterráneos	ma'āden (pl)	معادن
depósitos (m pl)	rawāseb (pl)	رواسب
yacimiento (m)	ḥaql (m)	حقل
extraer (vt)	estaχrag	إستخرج
extracción (f)	esteχrāg (m)	إستخراج
mena (f)	χām (m)	خام
mina (f)	mangam (m)	منجم
pozo (m) de mina	mangam (m)	منجم
minero (m)	'āmel mangam (m)	عامل منجم
gas (m)	ɣāz (m)	غاز
gasoducto (m)	χaṭṭ anabīb ɣāz (m)	خطّ أنابيب غاز
petróleo (m)	nafṭ (m)	نفط
oleoducto (m)	anabīb el nafṭ (pl)	أنابيب النفط
pozo (m) de petróleo	bīr el nafṭ (m)	بير النفط
torre (f) de sondeo	ḥaffāra (f)	حفّارة
petrolero (m)	nāqelet betrūl (f)	ناقلة بترول
arena (f)	raml (m)	رمل
caliza (f)	ḥagar el kals (m)	حجر الكلس
grava (f)	ḥaṣa (m)	حصى
turba (f)	χaθ faḥm nabāty (m)	خث فحم نباتي
arcilla (f)	ṭīn (m)	طين
carbón (m)	faḥm (m)	فحم
hierro (m)	ḥadīd (m)	حديد
oro (m)	dahab (m)	ذهب
plata (f)	faḍḍa (f)	فضّة
níquel (m)	nikel (m)	نيكل
cobre (m)	neḥās (m)	نحاس
zinc (m)	zink (m)	زنك
manganeso (m)	manganīz (m)	منجنيز
mercurio (m)	ze'baq (m)	زئبق
plomo (m)	roṣāṣ (m)	رصاص
mineral (m)	ma'dan (m)	معدن

cristal (m)	kristāl (m)	كريستال
mármol (m)	roχām (m)	رخام
uranio (m)	yuranuim (m)	يورانيوم

85. El tiempo

tiempo (m)	ṭa's (m)	طقس
previsión (f) del tiempo	naʃra gawiya (f)	نشرة جويّة
temperatura (f)	ḥarāra (f)	حرارة
termómetro (m)	termometr (m)	ترمومتر
barómetro (m)	barometr (m)	بارومتر
húmedo (adj)	roṭob	رطب
humedad (f)	roṭūba (f)	رطوبة
bochorno (m)	ḥarāra (f)	حرارة
tórrido (adj)	ḥarr	حارّ
hace mucho calor	el gaww ḥarr	الجّو حرّ
hace calor (templado)	el gaww dafa	الجوّ دفا
templado (adj)	dāfe'	دافئ
hace frío	el gaww bāred	الجوّ بارد
frío (adj)	bāred	بارد
sol (m)	ʃams (f)	شمس
brillar (vi)	nawwar	نوّر
soleado (un día ~)	moʃmes	مشمس
elevarse (el sol)	ʃara'	شرق
ponerse (vr)	ɣarab	غرب
nube (f)	saḥāba (f)	سحابة
nuboso (adj)	meɣayem	مغيّم
nubarrón (m)	saḥābet maṭar (f)	سحابة مطر
nublado (adj)	meɣayem	مغيّم
lluvia (f)	maṭar (m)	مطر
está lloviendo	el donia betmaṭṭar	الدنيا بتمطّر
lluvioso (adj)	momṭer	ممطر
lloviznar (vi)	maṭṭaret razāz	مطّرت رذاذ
aguacero (m)	maṭar monhamer (f)	مطر منهمر
chaparrón (m)	maṭar ɣazīr (m)	مطر غزير
fuerte (la lluvia ~)	ʃedīd	شديد
charco (m)	berka (f)	بركة
mojarse (vr)	ettbal	إتّبل
niebla (f)	ʃabbūra (f)	شبّورة
nebuloso (adj)	fih ʃabbūra	فيه شبّورة
nieve (f)	talg (m)	ثلج
está nevando	fih talg	فيه ثلج

86. Los eventos climáticos severos. Los desastres naturales

tormenta (f)	ʿāṣefa raʿdiya (f)	عاصفة رعدية
relámpago (m)	barʾ (m)	برق
relampaguear (vi)	baraq	برق
trueno (m)	raʿd (m)	رعد
tronar (vi)	dawa	دوّى
está tronando	el samāʾ dawat raʿd (f)	السماء دوّت رعد
granizo (m)	maṭar bard (m)	مطر برد
está granizando	maṭṭaret bard	مطّرت برد
inundar (vt)	ɣamar	غمر
inundación (f)	fayaḍān (m)	فيضان
terremoto (m)	zelzāl (m)	زلزال
sacudida (f)	hazza arḍiya (f)	هزّة أرضية
epicentro (m)	markaz el zelzāl (m)	مركز الزلزال
erupción (f)	sawarān (m)	ثوّران
lava (f)	ḥomam borkāniya (pl)	حمم بركانية
torbellino (m), tornado (m)	eʿṣār (m)	إعصار
tifón (m)	tyfūn (m)	طوفان
huracán (m)	eʿṣār (m)	إعصار
tempestad (f)	ʿāṣefa (f)	عاصفة
tsunami (m)	tsunāmy (m)	تسونامي
ciclón (m)	eʿṣār (m)	إعصار
mal tiempo (m)	ṭaʾs sayeʾ (m)	طقس سئ
incendio (m)	ḥarīʾ (m)	حريق
catástrofe (f)	karsa (f)	كارثة
meteorito (m)	nayzek (m)	نيّزك
avalancha (f)	enheyār talgy (m)	إنهيار ثلجي
alud (m) de nieve	enheyār talgy (m)	إنهيار ثلجي
ventisca (f)	ʿāṣefa talgiya (f)	عاصفة ثلجيّة
nevasca (f)	ʿāṣefa talgiya (f)	عاصفة ثلجيّة

LA FAUNA

T&P Books Publishing

87. Los mamíferos. Los predadores

carnívoro (m)	moftares (m)	مفترس
tigre (m)	nemr (m)	نمر
león (m)	asad (m)	أسد
lobo (m)	ze'b (m)	ذئب
zorro (m)	taʿlab (m)	ثعلب
jaguar (m)	nemr amrīky (m)	نمر أمريكي
leopardo (m)	fahd (m)	فهد
guepardo (m)	fahd ṣayād (m)	فهد صيّاد
pantera (f)	nemr aswad (m)	نمر أسوّد
puma (f)	asad el gebāl (m)	أسد الجبال
leopardo (m) de las nieves	nemr el tolūg (m)	نمر الثلوج
lince (m)	waʃaq (m)	وشق
coyote (m)	qayūṭ (m)	قيوط
chacal (m)	ebn ʾāwy (m)	ابن آوى
hiena (f)	ḍebʿ (m)	ضبع

88. Los animales salvajes

animal (m)	ḥayawān (m)	حيوان
bestia (f)	waḥʃ (m)	وحش
ardilla (f)	sengāb (m)	سنجاب
erizo (m)	qonfoz (m)	قنفذ
liebre (f)	arnab barry (m)	أرنب برّي
conejo (m)	arnab (m)	أرنب
tejón (m)	ɣarīr (m)	غرير
mapache (m)	rakūn (m)	راكون
hámster (m)	hamster (m)	هامستر
marmota (f)	marmūṭ (m)	مرموط
topo (m)	χold (m)	خلد
ratón (m)	fār (m)	فأر
rata (f)	gerz (m)	جرذ
murciélago (m)	χoffāʃ (m)	خفّاش
armiño (m)	qāqem (m)	قاقم
cebellina (f)	sammūr (m)	سمّور
marta (f)	faraʾīāt (m)	فرائيات

comadreja (f)	ebn ʻers (m)	ابن عرس
visón (m)	mink (m)	منك
castor (m)	qondos (m)	قندس
nutria (f)	taʻlab maya (m)	ثعلب الميّة
caballo (m)	ḥoṣān (m)	حصان
alce (m)	eyl el mūz (m)	أيّل الموظ
ciervo (m)	ayl (m)	أيل
camello (m)	gamal (m)	جمل
bisonte (m)	bison (m)	بيسون
uro (m)	byson orobby (m)	بيسون أوروبي
búfalo (m)	gamūs (m)	جاموس
cebra (f)	ḥomār waḥʃy (m)	حمار وحشي
antílope (m)	ẓaby (m)	ظبي
corzo (m)	yaḥmūr orobby (m)	يحمورأوروبيّ
gamo (m)	eyl asmar orobby (m)	أيّل أسمر أوروبي
gamuza (f)	ʃamwah (f)	شامواه
jabalí (m)	χenzīr barry (m)	خنزير برّي
ballena (f)	ḥūt (m)	حوت
foca (f)	foqma (f)	فقمة
morsa (f)	el kabʻ (m)	الكبع
oso (m) marino	foqmet el farāʼ (f)	فقمة الفراء
delfín (m)	dolfīn (m)	دولفين
oso (m)	dobb (m)	دبّ
oso (m) blanco	dobb ʼoṭṭby (m)	دبّ قطبي
panda (f)	banda (m)	باندا
mono (m)	ʼerd (m)	قرد
chimpancé (m)	ʃimbanzy (m)	شيمبانزي
orangután (m)	orangutan (m)	أورنغوتان
gorila (m)	ɣorella (f)	غوريلا
macaco (m)	ʼerd el makāk (m)	قرد المكاك
gibón (m)	gibbon (m)	جيبون
elefante (m)	fīl (m)	فيل
rinoceronte (m)	χartīt (m)	خرتيت
jirafa (f)	zarāfa (f)	زرافة
hipopótamo (m)	faras el nahr (m)	فرس النهر
canguro (m)	kangarū (m)	كانجّارو
koala (f)	el koala (m)	الكوالا
mangosta (f)	nems (m)	نمس
chinchilla (f)	ʃenʃīla (f)	شنشيلة
mofeta (f)	ẓerbān (m)	ظربان
espín (m)	nīṣ (m)	نيص

89. Los animales domésticos

gata (f)	ʾoṭṭa (f)	قطّة
gato (m)	ʾoṭṭ (m)	قطّ
perro (m)	kalb (m)	كلب
caballo (m)	ḥoṣān (m)	حصان
garañón (m)	χeyl faḥl (m)	خيل فحل
yegua (f)	faras (f)	فرس
vaca (f)	baʾara (f)	بقرة
toro (m)	sore (m)	ثور
buey (m)	sore (m)	ثور
oveja (f)	χarūf (f)	خروف
carnero (m)	kebʃ (m)	كبش
cabra (f)	meʿza (f)	معزة
cabrón (m)	māʿez zakar (m)	ماعز ذكر
asno (m)	ḥomār (m)	حمار
mulo (m)	baɣl (m)	بغل
cerdo (m)	χenzīr (m)	خنزير
cerdito (m)	χannūṣ (m)	خنّوص
conejo (m)	arnab (m)	أرنب
gallina (f)	farχa (f)	فرخة
gallo (m)	dīk (m)	ديك
pato (m)	baṭṭa (f)	بطّة
ánade (m)	dakar el baṭṭ (m)	ذكر البط
ganso (m)	wezza (f)	وزّة
pavo (m)	dīk rūmy (m)	ديك رومي
pava (f)	dīk rūmy (m)	ديك رومي
animales (m pl) domésticos	ḥayawānāt dawāgen (pl)	حيوانات دواجن
domesticado (adj)	alīf	أليف
domesticar (vt)	rawweḍ	روّض
criar (vt)	rabba	ربّى
granja (f)	mazraʿa (f)	مزرعة
aves (f pl) de corral	dawāgen (pl)	دواجن
ganado (m)	māʃeya (f)	ماشية
rebaño (m)	qaṭeeʿ (m)	قطيع
caballeriza (f)	esṭabl χeyl (m)	إسطبل خيل
porqueriza (f)	ḥazīret χanazīr (f)	حظيرة الخنازير
vaquería (f)	zerībet el baʾar (f)	زريبة البقر
conejal (m)	qan el arāneb (m)	قن الأرانب
gallinero (m)	qan el ferāχ (m)	قن الفراخ

90. Los pájaros

pájaro (m)	ṭā'er (m)	طائر
paloma (f)	ḥamāma (f)	حمامة
gorrión (m)	'aṣfūr dawri (m)	عصفور دوري
carbonero (m)	qarqaf (m)	قرقف
urraca (f)	'a''a' (m)	عقعق
cuervo (m)	ɣorāb aswad (m)	غراب أسود
corneja (f)	ɣorāb (m)	غراب
chova (f)	zāɣ zar'y (m)	زاغ زرعي
grajo (m)	ɣorāb el qeyẓ (m)	غراب القيظ
pato (m)	baṭṭa (f)	بطّة
ganso (m)	wezza (f)	وزّة
faisán (m)	tadarrog (m)	تدرج
águila (f)	'eqāb (m)	عقاب
azor (m)	el bāz (m)	الباز
halcón (m)	ṣa'r (m)	صقر
buitre (m)	nesr (m)	نسر
cóndor (m)	kondor (m)	كندور
cisne (m)	el temm (m)	التمّ
grulla (f)	karkiya (m)	كركية
cigüeña (f)	loqloq (m)	لقلق
loro (m), papagayo (m)	babaɣā' (m)	ببغاء
colibrí (m)	ṭannān (m)	طنّان
pavo (m) real	ṭawūs (m)	طاووس
avestruz (m)	na'āma (f)	نعامة
garza (f)	belʃone (m)	بلشون
flamenco (m)	flamingo (m)	فلامينجو
pelícano (m)	bag'a (f)	بجعة
ruiseñor (m)	'andalīb (m)	عندليب
golondrina (f)	el sonūnū (m)	السنونو
tordo (m)	somnet el ḥoqūl (m)	سمنة الحقول
zorzal (m)	somna moɣarreda (m)	سمنة مغرّدة
mirlo (m)	ʃaḥrūr aswad (m)	شحرور أسود
vencejo (m)	semmāma (m)	سمّامة
alondra (f)	qabra (f)	قبرة
codorniz (f)	semmān (m)	سمّان
pájaro carpintero (m)	na'ār el χaʃab (m)	نقار الخشب
cuco (m)	weqwāq (m)	وقواق
lechuza (f)	būma (f)	بومة
búho (m)	būm orāsy (m)	بوم أوراسي

urogallo (m)	dīk el χalang (m)	ديك الخلنج
gallo lira (m)	ṭyhūg aswad (m)	طيهوج أسود
perdiz (f)	el ḥagal (m)	الحجل
estornino (m)	zerzūr (m)	زرزور
canario (m)	kanāry (m)	كناري
ortega (f)	ṭyhūg el bondo' (m)	طيهوج البندق
pinzón (m)	ʃarʃūr (m)	شرشور
camachuelo (m)	deɣnāʃ (m)	دغناش
gaviota (f)	nawras (m)	نورس
albatros (m)	el qoṭros (m)	القطرس
pingüino (m)	beṭrīq (m)	بطريق

91. Los peces. Los animales marinos

brema (f)	abramīs (m)	أبراميس
carpa (f)	ʃabbūṭ (m)	شبّوط
perca (f)	farχ (m)	فرخ
siluro (m)	'armūṭ (m)	قرموط
lucio (m)	karāky (m)	كراكي
salmón (m)	salamon (m)	سلمون
esturión (m)	ḥafʃ (m)	حفش
arenque (m)	renga (f)	رنجة
salmón (m) del Atlántico	salamon aṭlasy (m)	سلمون أطلسي
caballa (f)	makerel (m)	ماكريل
lenguado (m)	samak mefalṭah (f)	سمك مفلطح
lucioperca (f)	samak sandar (m)	سمك سندر
bacalao (m)	el qadd (m)	القد
atún (m)	tuna (f)	تونة
trucha (f)	salamon mera''aṭ (m)	سلمون مرقّط
anguila (f)	ḥankalīs (m)	حنكليس
raya (f) eléctrica	ra'ād (m)	رعاد
morena (f)	moraya (f)	موراية
piraña (f)	bīrana (f)	بيرانا
tiburón (m)	'erʃ (m)	قرش
delfín (m)	dolfīn (m)	دولفين
ballena (f)	ḥūt (m)	حوت
centolla (f)	kaboria (m)	كابوريا
medusa (f)	'andīl el baḥr (m)	قنديل البحر
pulpo (m)	aχṭabūṭ (m)	أخطبوط
estrella (f) de mar	negmet el baḥr (f)	نجمة البحر
erizo (m) de mar	qonfoz el baḥr (m)	قنفذ البحر

caballito (m) de mar	ḥoṣān el baḥr (m)	حصان البحر
ostra (f)	maḥār (m)	محار
camarón (m)	gammbary (m)	جمبري
bogavante (m)	estakoza (f)	استكوزا
langosta (f)	estakoza (m)	استاكوزا

92. Los anfibios. Los reptiles

serpiente (f)	te'bān (m)	ثعبان
venenoso (adj)	sām	سام
víbora (f)	af'a (f)	أفعى
cobra (f)	kobra (m)	كوبرا
pitón (m)	te'bān byton (m)	ثعبان بايثون
boa (f)	bawā' el 'aṣera (f)	بواء العاصرة
culebra (f)	te'bān el 'oʃb (m)	ثعبان العشب
serpiente (m) de cascabel	af'a megalgela (f)	أفعى مجلجلة
anaconda (f)	anakonda (f)	أناكوندا
lagarto (m)	seḥliya (f)	سحليّة
iguana (f)	eɣwana (f)	إغوانة
varano (m)	warl (m)	ورل
salamandra (f)	salamander (m)	سلمندر
camaleón (m)	ḥerbāya (f)	حرباية
escorpión (m)	'a'rab (m)	عقرب
tortuga (f)	solḥefah (f)	سلحفاة
rana (f)	ḍeffḍa' (m)	ضفدع
sapo (m)	ḍeffḍa' el ṭeyn (m)	ضفدع الطين
cocodrilo (m)	temsāḥ (m)	تمساح

93. Los insectos

insecto (m)	ḥaʃara (f)	حشرة
mariposa (f)	farāʃa (f)	فراشة
hormiga (f)	namla (f)	نملة
mosca (f)	debbāna (f)	دبّانة
mosquito (m) (picadura de ~)	namūsa (f)	ناموسة
escarabajo (m)	χonfesa (f)	خنفسة
avispa (f)	dabbūr (m)	دبّور
abeja (f)	naḥla (f)	نحلة
abejorro (m)	naḥla ṭannāna (f)	نحلة طنّانة
moscardón (m)	na'ra (f)	نعرة
araña (f)	'ankabūt (m)	عنكبوت
telaraña (f)	nasīg 'ankabūt (m)	نسيج عنكبوت

libélula (f)	ya'sūb (m)	يعسوب
saltamontes (m)	garād (m)	جراد
mariposa (f) nocturna	'etta (f)	عثّة
cucaracha (f)	ṣarṣūr (m)	صرصور
garrapata (f)	qarāda (f)	قرادة
pulga (f)	baryūt (m)	برغوث
mosca (f) negra	ba'ūḍa (f)	بعوضة
langosta (f)	garād (m)	جراد
caracol (m)	ḥalazōn (m)	حلزون
grillo (m)	ṣarṣūr el ḥaql (m)	صرصور الحقل
luciérnaga (f)	yarā'a (f)	يراعة
mariquita (f)	χonfesa mena'ṭṭa (f)	خنفسة منقّطة
sanjuanero (m)	χonfesa motlefa lel nabāt (f)	خنفسة متّلفة للنبات
sanguijuela (f)	'alaqa (f)	علقة
oruga (f)	yasrū' (m)	يسروع
lombriz (m) de tierra	dūda (f)	دودة
larva (f)	yaraqa (f)	يرقة

LA FLORA

T&P Books Publishing

94. Los árboles

árbol (m)	ʃagara (f)	شجرة
foliáceo (adj)	nafḍiya	نفضيّة
conífero (adj)	ṣonoberiya	صنوبرية
de hoja perenne	dā'emet el χoḍra	دائمة الخضرة
manzano (m)	ʃagaret toffāḥ (f)	شجرة تفّاح
peral (m)	ʃagaret komettra (f)	شجرة كمثّرى
cerezo (m), guindo (m)	ʃagaret karaz (f)	شجرة كرز
ciruelo (m)	ʃagaret bar'ū' (f)	شجرة برقوق
abedul (m)	batola (f)	بتولا
roble (m)	ballūṭ (f)	بلّوط
tilo (m)	zayzafūn (f)	زيزفون
pobo (m)	ḥūr rāgef	حور راجف
arce (m)	qayqab (f)	قيقب
pícea (f)	rateng (f)	راتينج
pino (m)	ṣonober (f)	صنوبر
alerce (m)	arziya (f)	أرزية
abeto (m)	tanūb (f)	تنوب
cedro (m)	el orz (f)	الأرز
álamo (m)	ḥūr (f)	حور
serbal (m)	ɣobayrā' (f)	غبيراء
sauce (m)	ṣefsāf (f)	صفصاف
aliso (m)	gār el mā' (m)	جار الماء
haya (f)	el zān (f)	الزان
olmo (m)	derdar (f)	دردار
fresno (m)	marān (f)	مران
castaño (m)	kastanā' (f)	كستناء
magnolia (f)	maɣnolia (f)	ماغنوليا
palmera (f)	naχla (f)	نخلة
ciprés (m)	el soro (f)	السرو
mangle (m)	mangrūf (f)	مانجروف
baobab (m)	baobab (f)	باوباب
eucalipto (m)	eukalyptus (f)	أوكالبتوس
secoya (f)	sequoia (f)	سيكويا

95. Los arbustos

mata (f)	ʃogeyra (f)	شجيرة
arbusto (m)	ʃogayrāt (pl)	شجيرات
vid (f)	karma (f)	كرمة
viñedo (m)	karam (m)	كرم
frambueso (m)	zar'et tūt el 'alī' el aḥmar (f)	زرعة توت العليق الأحمر
grosellero (m) rojo	keʃmeʃ aḥmar (m)	كشمش أحمر
grosellero (m) espinoso	'enab el sa'lab (m)	عنب الثعلب
acacia (f)	aqaqia (f)	أقاقيا
berberís (m)	berbarīs (m)	برباريس
jazmín (m)	yasmīn (m)	ياسمين
enebro (m)	'ar'ar (m)	عرعر
rosal (m)	ʃogeyret ward (f)	شجيرة ورد
escaramujo (m)	ward el seyāg (pl)	ورد السياج

96. Las frutas. Las bayas

fruto (m)	tamra (f)	تمرة
frutos (m pl)	tamr (m)	تمر
manzana (f)	toffāḥa (f)	تفّاحة
pera (f)	komettra (f)	كمّثرى
ciruela (f)	bar'ū' (m)	برقوق
fresa (f)	farawla (f)	فراولة
guinda (f), cereza (f)	karaz (m)	كرز
uva (f)	'enab (m)	عنب
frambuesa (f)	tūt el 'alī' el aḥmar (m)	توت العليق الأحمر
grosella (f) negra	keʃmeʃ aswad (m)	كشمش أسود
grosella (f) roja	keʃmeʃ aḥmar (m)	كشمش أحمر
grosella (f) espinosa	'enab el sa'lab (m)	عنب الثعلب
arándano (m) agrio	'enabiya ḥāda el χebā' (m)	عنبية حادة الخباء
naranja (f)	bortoqāl (m)	برتقال
mandarina (f)	yosfy (m)	يوسفي
piña (f)	ananās (m)	أناناس
banana (f)	moze (m)	موز
dátil (m)	tamr (m)	تمر
limón (m)	lymūn (m)	ليمون
albaricoque (m)	meʃmeʃ (f)	مشمش
melocotón (m)	χawχa (f)	خوخة
kiwi (m)	kiwi (m)	كيوي
toronja (f)	grabe frūt (m)	جريب فروت

baya (f)	tūt (m)	توت
bayas (f pl)	tūt (pl)	توت
arándano (m) rojo	ʿenab el sore (m)	عنب الثور
fresa (f) silvestre	farawla barriya (f)	فراولة برّيّة
arándano (m)	ʿenab al aḥrāg (m)	عنب الأحراج

97. Las flores. Las plantas

flor (f)	zahra (f)	زهرة
ramo (m) de flores	bokeyh (f)	بوكيه
rosa (f)	warda (f)	وردة
tulipán (m)	tolīb (f)	توليب
clavel (m)	ʾoronfol (m)	قرنفل
gladiolo (m)	el dalbūs (f)	الدّلّبُوث
aciano (m)	qanṭeryūn ʿanbary (m)	قنطريون عنبري
campanilla (f)	garīs mostadīr el awrāʾ (m)	جريس مستدير الأوراق
diente (m) de león	handabāʾ (f)	هندباء
manzanilla (f)	kamomile (f)	كاموميل
áloe (m)	el alowa (m)	الألوّة
cacto (m)	ṣabbār (m)	صبّار
ficus (m)	faykas (m)	فيكس
azucena (f)	zanbaq (f)	زنبق
geranio (m)	ɣarnūqy (f)	غرنوقي
jacinto (m)	el lavender (f)	اللافندر
mimosa (f)	mimoza (f)	ميموزا
narciso (m)	nerges (f)	نرجس
capuchina (f)	abo χangar (f)	أبو خنجر
orquídea (f)	orkid (f)	أوركيد
peonía (f)	fawnia (f)	فاوانيا
violeta (f)	el banafseg (f)	البنفسج
trinitaria (f)	bansy (f)	بانسي
nomeolvides (f)	ʾāzān el faʾr (pl)	آذان الفأر
margarita (f)	aqwaḥān (f)	أقحوان
amapola (f)	el χoʃχāʃ (f)	الخشخاش
cáñamo (m)	qanb (m)	قنب
menta (f)	neʿnāʿ (m)	نعناع
muguete (m)	zanbaq el wādy (f)	زنبق الوادي
campanilla (f) de las nieves	zahrat el laban (f)	زهرة اللبن
ortiga (f)	ʾarrāṣ (m)	قرّاص
acedera (f)	ḥammāḍ bostāny (m)	حمّاض بستاني

nenúfar (m)	niloferiya (f)	نيلوفرية
helecho (m)	sarχas (m)	سرخس
liquen (m)	aʃna (f)	أشنة
invernadero (m) tropical	ṣoba (f)	صوبة
césped (m)	ʿoʃb aχḍar (m)	عشب أخضر
macizo (m) de flores	geneynet zohūr (f)	جنينة زهور
planta (f)	nabāt (m)	نبات
hierba (f)	ʿoʃb (m)	عشب
hoja (f) de hierba	ʿoʃba (f)	عشبة
hoja (f)	waraʾa (f)	ورقة
pétalo (m)	waraʾet el zahra (f)	ورقة الزهرة
tallo (m)	sāq (f)	ساق
tubérculo (m)	darna (f)	درنة
retoño (m)	nabta saɣīra (f)	نبتة صغيرة
espina (f)	ʃawka (f)	شوكة
florecer (vi)	fattaḥet	فتّحت
marchitarse (vr)	debel	ذبل
olor (m)	rīḥa (f)	ريحة
cortar (vt)	ʾaṭaʿ	قطع
coger (una flor)	ʾaṭaf	قطف

98. Los cereales, los granos

grano (m)	ḥobūb (pl)	حبوب
cereales (m pl) (plantas)	maḥaṣīl el ḥubūb (pl)	محاصيل الحبوب
espiga (f)	sonbola (f)	سنبلة
trigo (m)	ʾamḥ (m)	قمح
centeno (m)	ʃelm mazrūʿ (m)	شيلم مزروع
avena (f)	ʃofān (m)	شوفان
mijo (m)	el deχn (m)	الدّخن
cebada (f)	ʃeʿīr (m)	شعير
maíz (m)	dora (f)	ذرة
arroz (m)	rozz (m)	رزّ
alforfón (m)	ḥanṭa sodaʾ (f)	حنطة سوداء
guisante (m)	besella (f)	بسلّة
fréjol (m)	faṣolya (f)	فاصوليا
soya (f)	fūl el ṣoya (m)	فول الصويا
lenteja (f)	ʿads (m)	عدس
habas (f pl)	fūl (m)	فول

LOS PAÍSES

T&P Books Publishing

99. Los países. Unidad 1

Afganistán (m)	afɣanistan (f)	أفغانستان
Albania (f)	albānia (f)	ألبانيا
Alemania (f)	almānya (f)	ألمانيا
Arabia (f) Saudita	el soʿodiya (f)	السعوديّة
Argentina (f)	arʒantīn (f)	الأرجنتين
Armenia (f)	armīnia (f)	أرمينيا
Australia (f)	ostorālya (f)	أستراليا
Austria (f)	el nemsa (f)	النمسا
Azerbaiyán (m)	azrabiʒān (m)	أذربيجان
Bangladesh (m)	bangladeʃ (f)	بنجلاديش
Bélgica (f)	balʒīka (f)	بلجيكا
Bielorrusia (f)	belarūsia (f)	بيلاروسيا
Bolivia (f)	bolivia (f)	بوليفيا
Bosnia y Herzegovina	el bosna wel harsek (f)	البوسنة والهرسك
Brasil (m)	el barazīl (f)	البرازيل
Bulgaria (f)	bolɣāria (f)	بلغاريا
Camboya (f)	kambodya (f)	كمبوديا
Canadá (f)	kanada (f)	كندا
Chequia (f)	gomhoriya el tʃīk (f)	جمهورية التشيك
Chile (m)	tʃīly (f)	تشيلي
China (f)	el ṣīn (f)	الصين
Chipre (m)	ʾobroṣ (f)	قبرص
Colombia (f)	kolombia (f)	كولومبيا
Corea (f) del Norte	korea el ʃamāliya (f)	كوريا الشماليّة
Corea (f) del Sur	korea el ganūbiya (f)	كوريا الجنوبيّة
Croacia (f)	kroātya (f)	كرواتيا
Cuba (f)	kūba (f)	كوبا
Dinamarca (f)	el denmark (f)	الدنمارك
Ecuador (m)	el equador (f)	الإكوادور
Egipto (m)	maṣr (f)	مصر
Emiratos (m pl) Árabes Unidos	el emārāt el ʿarabiya el mottaḥeda (pl)	الإمارات العربية المتّحدة
Escocia (f)	oskotlanda (f)	اسكتّلندا
Eslovaquia (f)	slovākia (f)	سلوفاكيا
Eslovenia	slovenia (f)	سلوفينيا
España (f)	asbānya (f)	إسبانيا
Estados Unidos de América	el welayāt el mottaḥda el amrīkiya (pl)	الولايات المتّحدة الأمريكيّة
Estonia (f)	estūnia (f)	إستونيا
Finlandia (f)	finlanda (f)	فنّلندا
Francia (f)	faransa (f)	فرنسا

100. Los países. Unidad 2

Georgia (f)	ʒorʒia (f)	جورجيا
Ghana (f)	ɣana (f)	غانا
Gran Bretaña (f)	briṭaniya el ʿozma (f)	بريطانيا العظمى
Grecia (f)	el yunān (f)	اليونان
Haití (m)	haīti (f)	هايتي
Hungría (f)	el magar (f)	المجر
India (f)	el hend (f)	الهند
Indonesia (f)	indonisya (f)	إندونيسيا
Inglaterra (f)	engeltera (f)	إنجلترا
Irak (m)	el ʿerāq (m)	العراق
Irán (m)	iran (f)	إيران
Irlanda (f)	irelanda (f)	أيرلندا
Islandia (f)	ʾāyslanda (f)	آيسلندا
Islas (f pl) Bahamas	gozor el bahāmas (pl)	جزر البهاماس
Israel (m)	israʾīl (f)	إسرائيل
Italia (f)	eṭālia (f)	إيطاليا
Jamaica (f)	ʒamayka (f)	جامايكا
Japón (m)	el yabān (f)	اليابان
Jordania (f)	el ordon (m)	الأردن
Kazajstán (m)	kazaχistān (f)	كازاخستان
Kenia (f)	kenya (f)	كينيا
Kirguizistán (m)	qirɣizestān (f)	قيرغيزستان
Kuwait (m)	el kuweyt (f)	الكويت
Laos (m)	laos (f)	لاوس
Letonia (f)	latvia (f)	لاتفيا
Líbano (m)	lebnān (f)	لبنان
Libia (f)	libya (f)	ليبيا
Liechtenstein (m)	liʃtenʃtayn (m)	ليشتنشتاين
Lituania (f)	litwānia (f)	ليتوانيا
Luxemburgo (m)	luksemburg (f)	لوكسمبورج
Macedonia	maqdūnia (f)	مقدونيا
Madagascar (m)	madaɣaʃkar (f)	مدغشقر
Malasia (f)	malīzya (f)	ماليزيا
Malta (f)	malṭa (f)	مالطا
Marruecos (m)	el maɣreb (m)	المغرب
Méjico (m)	el maksīk (f)	المكسيك
Moldavia (f)	moldāvia (f)	مولدافيا
Mónaco (m)	monako (f)	موناكو
Mongolia (f)	manɣūlia (f)	منغوليا
Montenegro (m)	el gabal el aswad (m)	الجبل الأسوَد
Myanmar (m)	myanmar (f)	ميانمار

101. Los países. Unidad 3

Namibia (f)	namibia (f)	ناميبيا
Nepal (m)	nebāl (f)	نيبال
Noruega (f)	el nerwīg (f)	النرويج
Nueva Zelanda (f)	nyu zelanda (f)	نيوزيلندا
Países Bajos (m pl)	holanda (f)	هولندا
Pakistán (m)	bakistān (f)	باكستان
Palestina (f)	felesṭīn (f)	فلسطين
Panamá (f)	banama (f)	بنما
Paraguay (m)	baraguay (f)	باراجواي
Perú (m)	beru (f)	بيرو
Polinesia (f) Francesa	bolenezia el faransiya (f)	بولينزيا الفرنسيّة
Polonia (f)	bolanda (f)	بولندا
Portugal (m)	el bortoɣāl (f)	البرتغال
República (f) Dominicana	gomhoriya el dominikan (f)	جمهوريّة الدومينيكان
República (f) Sudafricana	afreqia el ganūbiya (f)	أفريقيا الجنوبيّة
Rumania (f)	romānia (f)	رومانيا
Rusia (f)	rūsya (f)	روسيا
Senegal (m)	el senɣāl (f)	السنغال
Serbia (f)	ṣerbia (f)	صربيا
Siria (f)	soria (f)	سوريا
Suecia (f)	el sweyd (f)	السويد
Suiza (f)	swesra (f)	سويسرا
Surinam (m)	surinam (f)	سورينام
Tayikistán (m)	ṭaʒīkistan (f)	طاجيكستان
Tailandia (f)	tayland (f)	تايلاند
Taiwán (m)	taywān (f)	تايوان
Tanzania (f)	tanznia (f)	تنزانيا
Tasmania (f)	tasmania (f)	تاسمانيا
Túnez (m)	tunis (f)	تونس
Turkmenistán (m)	turkmānistān (f)	تركمانستان
Turquía (f)	turkia (f)	تركيا
Ucrania (f)	okrānia (f)	أوكرانيا
Uruguay (m)	uruguay (f)	أوروجواي
Uzbekistán (m)	uzbakistān (f)	أوزبكستان
Vaticano (m)	el vatikān (m)	الفاتيكان
Venezuela (f)	venzweyla (f)	فنزويلا
Vietnam (m)	vietnām (f)	فيتنام
Zanzíbar (m)	zanʒibār (f)	زنجبار

GLOSARIO GASTRONÓMICO

Esta sección contiene una gran cantidad de palabras y términos asociados con la comida. Este diccionario le hará más fácil la comprensión del menú de un restaurante y la elección del plato adecuado

T&P Books Publishing

Español-Árabe egipcio glosario gastronómico

¡Que aproveche!	bel hana wel ʃefa!	!بالهنا والشفا
abrebotellas (m)	fattāḥa (f)	فتّاحة
abrelatas (m)	fattāḥa (f)	فتّاحة
aceite (m) de girasol	zeyt ʿabbād el ʃams (m)	زيت عبّاد الشمس
aceite (m) de oliva	zeyt el zaytūn (m)	زيت الزيتون
aceite (m) vegetal	zeyt (m)	زيت
agua (f)	meyāh (f)	مياه
agua (f) mineral	maya maʿdaniya (f)	ميّة معدنية
agua (f) potable	mayet ʃorb (m)	ميّة شرب
aguacate (m)	avokado (f)	افوكاتو
ahumado (adj)	modakχen	مدخّن
ajo (m)	tūm (m)	ثوم
albahaca (f)	rīḥān (m)	ريحان
albaricoque (m)	meʃmeʃ (f)	مشمش
alcachofa (f)	χarʃūf (m)	خرشوف
alforfón (m)	ḥanṭa sodaʾ (f)	حنطة سوداء
almendra (f)	loze (m)	لوز
almuerzo (m)	ɣadaʾ (m)	غداء
amargo (adj)	morr	مرّ
anís (m)	yansūn (m)	ينسون
anguila (f)	ḥankalīs (m)	حنكليس
aperitivo (m)	ʃarāb (m)	شراب
apetito (m)	ʃahiya (f)	شهيّة
apio (m)	karfas (m)	كرفس
arándano (m)	ʿenab al aḥrāg (m)	عنب الأحراج
arándano (m) agrio	ʿenabiya ḥāda el χebāʾ (m)	عنبية حادة الخباء
arándano (m) rojo	ʿenab el sore (m)	عنب الثور
arenque (m)	renga (f)	رنجة
arroz (m)	rozz (m)	رزّ
atún (m)	tuna (f)	تونة
avellana (f)	bondoʾ (m)	بندق
avena (f)	ʃofān (m)	شوفان
azúcar (m)	sokkar (m)	سكّر
azafrán (m)	zaʿfarān (m)	زعفران
azucarado, dulce (adj)	mesakkar	مسكّر
bacalao (m)	samak el qadd (m)	سمك القد
banana (f)	moze (m)	موز
bar (m)	bār (m)	بار
barman (m)	bārman (m)	بارمان
batido (m)	milk ʃejk (m)	ميلك شيك
baya (f)	tūt (m)	توت
bayas (f pl)	tūt (pl)	توت
bebida (f) sin alcohol	maʃrūb ɣāzy (m)	مشروب غازي
bebidas (f pl) alcohólicas	maʃrūbāt koḥūliya (pl)	مشروبات كحولية

beicon (m)	bakon (m)	بيكون
berenjena (f)	bātengān (m)	باذنجان
bistec (m)	steak laḥm (m)	ستيك لحم
bocadillo (m)	sandawitʃ (m)	ساندويتش
boleto (m) áspero	feṭr boleṭe (m)	فطر بوليط
boleto (m) castaño	feṭr aḥmar (m)	فطر أحمر
brócoli (m)	brokkoli (m)	بركولي
brema (f)	abramīs (m)	أبراميس
cóctel (m)	koktayl (m)	كوكتيل
caballa (f)	makerel (m)	ماكريل
cacahuete (m)	fūl sudāny (m)	فول سوداني
café (m)	'ahwa (f)	قهوة
café (m) con leche	'ahwa bel ḥalīb (f)	قهوة بالحليب
café (m) solo	'ahwa sāda (f)	قهوة سادة
café (m) soluble	neskafe (m)	نيسكافيه
calabacín (m)	kōsa (f)	كوسة
calabaza (f)	qarʿ ʿasaly (m)	قرع عسلي
calamar (m)	kalmāry (m)	كالماري
caldo (m)	mara'a (m)	مرقة
caliente (adj)	soχn	سخن
caloría (f)	soʿra ḥarāriya (f)	سعرة حراريّة
camarón (m)	gammbary (m)	جمّبري
camarera (f)	garsona (f)	جرسونة
camarero (m)	garsone (m)	جرسون
canela (f)	'erfa (f)	قرفة
cangrejo (m) de mar	kaboria (m)	كابوريا
capuchino (m)	kaputʃino (m)	كابتشينو
caramelo (m)	bonbony (m)	بونبوني
carbohidratos (m pl)	naʃawīāt (pl)	نشويّات
carne (f)	laḥma (f)	لحمة
carne (f) de carnero	laḥm ḍāny (m)	لحم ضاني
carne (f) de cerdo	laḥm el χanazīr (m)	لحم الخنزير
carne (f) de ternera	laḥm el ʿegl (m)	لحم العجل
carne (f) de vaca	laḥm baqary (m)	لحم بقري
carne (f) picada	hamburger (m)	هامبورجر
carpa (f)	ʃabbūṭ (m)	شبّوط
carta (f) de vinos	qā'emet el χomūr (f)	قائمة خمور
carta (f), menú (m)	qā'emet el ṭaʿām (f)	قائمة طعام
caviar (m)	kaviar (m)	كافيار
caza (f) menor	ṣeyd (m)	صيد
cebada (f)	ʃeʿīr (m)	شعير
cebolla (f)	baṣal (m)	بصل
cena (f)	ʿaʃā' (m)	عشاء
centeno (m)	ʃelm mazrūʿ (m)	شيلم مزروع
cereales (m pl)	maḥaṣīl el ḥubūb (pl)	محاصيل الحبوب
cereales (m pl) integrales	ḥobūb 'amḥ (pl)	حبوب قمح
cerveza (f)	bīra (f)	بيرة
cerveza (f) negra	bīra ɣam'a (f)	بيرة غامقة
cerveza (f) rubia	bīra χafīfa (f)	بيرة خفيفة
champaña (f)	ʃambania (f)	شمبانيا
chicle (m)	lebān (m)	لبان
chocolate (m)	ʃokolāta (f)	شكولاتة

cilantro (m)	kozbora (f)	كزبرة
ciruela (f)	bar'ū' (m)	برقوق
clara (f)	bayāḍ el beyḍ (m)	بياض البيض
clavo (m)	'oronfol (m)	قرنفل
coñac (m)	konyāk (m)	كونياك
cocido en agua (adj)	maslū'	مسلوق
cocina (f)	maṭbaχ (m)	مطبخ
col (f)	koronb (m)	كرنب
col (f) de Bruselas	koronb broksel (m)	كرنب بروكسل
coliflor (f)	'arnabīṭ (m)	قرنبيط
colmenilla (f)	feṭr el ɣoʃna (m)	فطر الغوشنة
comida (f)	akl (m)	أكل
comino (m)	karawya (f)	كراوية
con gas	kanz	كانز
con hielo	bel talg	بالتلج
condimento (m)	bahār (m)	بهار
conejo (m)	laḥm arāneb (m)	لحم أرانب
confitura (f)	mrabba (m)	مربّى
confitura (f)	mrabba (m)	مربّى
congelado (adj)	mogammad	مجمّد
conservas (f pl)	mo'allabāt (pl)	معلّبات
copa (f) de vino	kāsa (f)	كاسة
copos (m pl) de maíz	korn fleks (m)	كورن فليكس
crema (f) de mantequilla	krīmet zebda (f)	كريمة زبدة
cuchara (f)	ma'la'a (f)	معلقة
cuchara (f) de sopa	ma'la'a kebīra (f)	ملعقة كبيرة
cucharilla (f)	ma'la'et ʃāy (f)	معلقة شاي
cuchillo (m)	sekkīna (f)	سكّينة
cuenta (f)	ḥesāb (m)	حساب
dátil (m)	tamr (m)	تمر
de chocolate (adj)	bel ʃokolāṭa	بالشكولاتة
desayuno (m)	foṭūr (m)	فطور
dieta (f)	reʒīm (m)	رجيم
eneldo (m)	ʃabat (m)	شبت
ensalada (f)	solṭa (f)	سلطة
entremés (m)	moqabbelāt (pl)	مقبّلات
espárrago (m)	helione (m)	هليون
espagueti (m)	spaɣetti (m)	سباجيتي
especia (f)	bahār (m)	بهار
espiga (f)	sonbola (f)	سنبلة
espinaca (f)	sabāneχ (m)	سبانخ
esturión (m)	samak el ḥafʃ (m)	سمك الحفش
fletán (m)	samak el halbūt (m)	سمك الهلبوت
fréjol (m)	faṣolya (f)	فاصوليا
frío (adj)	bāred	بارد
frambuesa (f)	tūt el 'alī' el aḥmar (m)	توت العليق الأحمر
fresa (f)	farawla (f)	فراولة
fresa (f) silvestre	farawla barriya (f)	فراولة برّيّة
frito (adj)	ma'ly	مقلي
fruto (m)	faχa (f)	فاكهة
frutos (m pl)	tamr (m)	تمر
gachas (f pl)	'aṣīda (f)	عصيدة

galletas (f pl)	baskawīt (m)	بسكويت
gallina (f)	ferāχ (m)	فراخ
ganso (m)	wezza (f)	وزّة
gaseoso (adj)	kanz	كانز
ginebra (f)	ʒin (m)	جين
gofre (m)	waffles (pl)	وافلز
granada (f)	rommān (m)	رمان
grano (m)	ḥobūb (pl)	حبوب
grasas (f pl)	dohūn (pl)	دهون
grosella (f) espinosa	ʿenab el saʿlab (m)	عنب الثعلب
grosella (f) negra	keʃmeʃ aswad (m)	كشمش أسود
grosella (f) roja	keʃmeʃ aḥmar (m)	كشمش أحمر
guarnición (f)	ṭabaʾ gāneby (m)	طبق جانبي
guisante (m)	besella (f)	بسلّة
hígado (m)	kebda (f)	كبدة
habas (f pl)	fūl (m)	فول
hamburguesa (f)	hamburger (m)	هامبورجر
harina (f)	deʾīʾ (m)	دقيق
helado (m)	ʾays krīm (m)	آيس كريم
hielo (m)	talg (m)	ثلج
higo (m)	tīn (m)	تين
hoja (f) de laurel	waraʾ el ɣār (m)	ورق الغار
huevo (m)	beyḍa (f)	بيضة
huevos (m pl)	beyḍ (m)	بيض
huevos (m pl) fritos	beyḍ maʾly (m)	بيض مقلي
jamón (m)	hām(m)	هام
jamón (m) fresco	faχd χanzīr (m)	فخد خنزير
jengibre (m)	zangabīl (m)	زنجبيل
jugo (m) de tomate	ʿaṣīr ṭamāṭem (m)	عصير طماطم
kiwi (m)	kiwi (m)	كيوي
langosta (f)	estakoza (m)	استاكوزا
leche (f)	laban (m)	لبن
leche (f) condensada	ḥalīb mokassaf (m)	حليب مكثّف
lechuga (f)	χass (m)	خسّ
legumbres (f pl)	χoḍār (pl)	خضار
lengua (f)	lesān (m)	لسان
lenguado (m)	samak mefalṭah (f)	سمك مفلطح
lenteja (f)	ʿads (m)	عدس
licor (m)	liqure (m)	ليكيور
limón (m)	lymūn (m)	ليمون
limonada (f)	limonāta (f)	ليموناتة
loncha (f)	ʃarīḥa (f)	شريحة
lucio (m)	samak el karāky (m)	سمك الكراكي
lucioperca (f)	samak sandar (m)	سمك سندر
maíz (m)	dora (f)	ذرة
maíz (m)	dora (f)	ذرة
macarrones (m pl)	makaruna (f)	مكرونة
mandarina (f)	yosfy (m)	يوسفي
mango (m)	manga (m)	مانجة
mantequilla (f)	zebda (f)	زبّدة
manzana (f)	toffāḥa (f)	تفّاحة
margarina (f)	margarīn (m)	مارجرين

marinado (adj)	meχallel	مخلّل
mariscos (m pl)	sīfūd (pl)	سي فود
matamoscas (m)	fetṛ amanīt el ṭāʾer (m)	فطر أمانيت الطائر
mayonesa (f)	mayonnɛ:z (m)	مايونيز
melón (m)	ʃammām (f)	شمّام
melocotón (m)	χawχa (f)	خوخة
mermelada (f)	marmalād (f)	مرملاد
miel (f)	ʿasal (m)	عسل
miga (f)	fattāta (f)	فتاتة
mijo (m)	el deχn (m)	الدُخن
mini tarta (f)	keyka (f)	كيكة
mondadientes (m)	χallet senān (f)	خلة سنان
mostaza (f)	mosṭarda (m)	مسطردة
nabo (m)	left (m)	لفت
naranja (f)	bortoqāl (m)	برتقال
nata (f) agria	kreyma ḥamḍa (f)	كريمة حامضة
nata (f) líquida	krīma (f)	كريمة
nuez (f)	ʿeyn gamal (f)	عين الجمل
nuez (f) de coco	goze el hend (m)	جوز هند
olivas, aceitunas (f pl)	zaytūn (m)	زيتون
oronja (f) verde	fetṛ amanīt falusyāny el sām (m)	فطر أمانيت فالوسياني السام
ostra (f)	maḥār (m)	محار
pan (m)	ʿeyʃ (m)	عيش
papaya (f)	babāya (m)	ببايا
paprika (f)	babrika (f)	بابريكا
pasas (f pl)	zebīb (m)	زبيب
pasteles (m pl)	ḥalawīāt (pl)	حلويّات
paté (m)	maʿgūn laḥm (m)	معجون لحم
patata (f)	baṭāṭes (f)	بطاطس
pato (m)	baṭṭa (f)	بطّة
pava (f)	dīk rūmy (m)	ديك رومي
pedazo (m)	ʾeṭʿa (f)	قطعة
pepino (m)	χeyār (m)	خيار
pera (f)	komettra (f)	كمّثرى
perca (f)	farχ (m)	فرخ
perejil (m)	baʾdūnes (m)	بقدونس
pescado (m)	samak (m)	سمك
piña (f)	ananās (m)	أناناس
piel (f)	ʾeʃra (f)	قشرة
pimienta (f) negra	felfel aswad (m)	فلفل أسوّد
pimienta (f) roja	felfel ahmar (m)	فلفل أحمر
pimiento (m) dulce	felfel (m)	فلفل
pistachos (m pl)	fostoʾ (m)	فستق
pizza (f)	bītza (f)	بيتزا
platillo (m)	ṭabaʾ fengān (m)	طبق فنجان
plato (m)	wagba (f)	وجبة
plato (m)	ṭabaʾ (m)	طبق
pomelo (m)	grabe frūt (m)	جريب فروت
porción (f)	naṣīb (m)	نصيب
postre (m)	ḥalawīāt (pl)	حلويّات
propina (f)	baʾʃīʃ (m)	بقشيش

proteínas (f pl)	brotenāt (pl)	بروتينات
pudin (m)	būding (m)	بودنج
puré (m) de patatas	baṭāṭes mahrūsa (f)	بطاطس مهروسة
queso (m)	gebna (f)	جبنة
rábano (m)	fegl (m)	فجل
rábano (m) picante	fegl ḥār (m)	فجل حار
rúsula (f)	feṭr russula (m)	فطر روسولا
rebozuelo (m)	feṭr el ʃanterel (m)	فطر الشانتريل
receta (f)	waṣfa (f)	وصفة
refresco (m)	ḥāga saˀˁa (f)	حاجة ساقعة
regusto (m)	ṭaˁm ma baˁd el mazāq (m)	طعم ما بعد المذاق
relleno (m)	ḥaʃwa (f)	حشوة
remolacha (f)	bangar (m)	بنجر
ron (m)	rum (m)	رم
sésamo (m)	semsem (m)	سمسم
sabor (m)	ṭaˁm (m)	طعم
sabroso (adj)	ḥelw	حلو
sacacorchos (m)	barrīma (f)	بريّمة
sal (f)	melḥ (m)	ملح
salado (adj)	māleḥ	مالح
salchichón (m)	sogoˀˀ (m)	سجق
salchicha (f)	sogoˀˀ (m)	سجق
salmón (m)	salamon (m)	سلمون
salmón (m) del Atlántico	salamon aṭlasy (m)	سلمون أطلسي
salsa (f)	ṣalṣa (f)	صلصة
sandía (f)	baṭṭīχ (m)	بطّيخ
sardina (f)	sardīn (m)	سردين
seco (adj)	mogaffaf	مجفّف
seta (f)	feṭr (f)	فطر
seta (f) comestible	feṭr ṣāleḥ lel akl (m)	فطر صالح للأكل
seta (f) venenosa	feṭr sām (m)	فطر سام
seta calabaza (f)	feṭr boleṭe maˀkūl (m)	فطر بوليط مأكول
siluro (m)	ˀarmūṭ (m)	قرموط
sin alcohol	men ɣeyr koḥūl	من غير كحول
sin gas	rakeda	راكدة
sopa (f)	ʃorba (f)	شوربة
soya (f)	fūl el ṣoya (m)	فول الصويا
té (m)	ʃāy (m)	شاي
té (m) negro	ʃāy aḥmar (m)	شاي أحمر
té (m) verde	ʃāy aχḍar (m)	شاي أخضر
tallarines (m pl)	nūdles (f)	نودلز
tarta (f)	torta (f)	تورتة
tarta (f)	feṭīra (f)	فطيرة
taza (f)	fengān (m)	فنجان
tenedor (m)	ʃawka (f)	شوكة
tiburón (m)	ˀerʃ (m)	قرش
tomate (m)	ṭamāṭem (f)	طماطم
tortilla (f) francesa	omlette (m)	اومليت
trigo (m)	ˀamḥ (m)	قمح
trucha (f)	salamon meraˀˀaṭ (m)	سلمون مرقّط
uva (f)	ˁenab (m)	عنب
vaso (m)	kobbāya (f)	كوبّاية

vegetariano (adj)	nabāty	نباتي
vegetariano (m)	nabāty (m)	نباتي
verduras (f pl)	xoḍrawāt waraqiya (pl)	خضروات ورقية
vermú (m)	vermote (m)	فيرموت
vinagre (m)	xall (m)	خلّ
vino (m)	xamra (f)	خمرة
vino (m) blanco	nebīz abyaḍ (m)	نبيذ أبيض
vino (m) tinto	nebī aḥmar (m)	نبيذ أحمر
vitamina (f)	vitamīn (m)	فيتامين
vodka (m)	vodka (f)	فودكا
whisky (m)	wiski (m)	ويسكي
yema (f)	ṣafār el beyḍ (m)	صفار البيض
yogur (m)	zabādy (m)	زبادي
zanahoria (f)	gazar (m)	جزر
zarzamoras (f pl)	tūt aswad (m)	توت أسود
zumo (m) de naranja	ʿaṣīr bortoqāl (m)	عصير برتقال
zumo (m) fresco	ʿaṣīr freʃ (m)	عصير فريش
zumo (m), jugo (m)	ʿaṣīr (m)	عصير

Árabe egipcio-Español glosario gastronómico

بالهنا و الشفا!	bel hana wel ʃefa!	¡Que aproveche!
آيس كريم	ʾays krīm (m)	helado (m)
أبراميس	abramīs (m)	brema (f)
أكل	akl (m)	comida (f)
أناناس	ananās (m)	piña (f)
استاكوزا	estakoza (m)	langosta (f)
افوكاتو	avokado (f)	aguacate (m)
الدُخن	el deχn (m)	mijo (m)
اومليت	omlette (m)	tortilla (f) francesa
بابريكا	babrika (f)	paprika (f)
باذنجان	bātengān (m)	berenjena (f)
بار	bār (m)	bar (m)
بارد	bāred	frío (adj)
بارمان	bārman (m)	barman (m)
بالتلج	bel talg	con hielo
بالشكولاتة	bel ʃokolāṭa	de chocolate (adj)
ببايا	babāya (m)	papaya (f)
برتقال	bortoqāl (m)	naranja (f)
برقوق	barʾūʾ (m)	ciruela (f)
بركولي	brokkoli (m)	brócoli (m)
بروتينات	brotenāt (pl)	proteínas (f pl)
بريّمة	barrīma (f)	sacacorchos (m)
بسكويت	baskawīt (m)	galletas (f pl)
بسلّة	besella (f)	guisante (m)
بصل	baṣal (m)	cebolla (f)
بطاطس	baṭāṭes (f)	patata (f)
بطاطس مهروسة	baṭāṭes mahrūsa (f)	puré (m) de patatas
بطّة	baṭṭa (f)	pato (m)
بطّيخ	baṭṭīχ (m)	sandía (f)
بقدونس	baʾdūnes (m)	perejil (m)
بقشيش	baʾʃīʃ (m)	propina (f)
بنجر	bangar (m)	remolacha (f)
بندق	bondoʾ (m)	avellana (f)
بهار	bahār (m)	condimento (m)
بهار	bahār (m)	especia (f)
بودنج	būding (m)	pudin (m)
بونبوني	bonbony (m)	caramelo (m)
بياض البيض	bayāḍ el beyḍ (m)	clara (f)
بيتزا	bītza (f)	pizza (f)
بيرة	bīra (f)	cerveza (f)
بيرة خفيفة	bīra χafīfa (f)	cerveza (f) rubia
بيرة غامقة	bīra ɣamʾa (f)	cerveza (f) negra
بيض	beyḍ (m)	huevos (m pl)
بيض مقلي	beyḍ maʾly (m)	huevos (m pl) fritos

بيضة	beyḍa (f)	huevo (m)
بيكون	bakon (m)	beicon (m)
تفّاحة	toffāḥa (f)	manzana (f)
تمر	tamr (m)	dátil (m)
تمر	tamr (m)	frutos (m pl)
توت	tūt (m)	baya (f)
توت	tūt (pl)	bayas (f pl)
توت أسود	tūt aswad (m)	zarzamoras (f pl)
توت العليق الأحمر	tūt el ʻalīʾ el aḥmar (m)	frambuesa (f)
تورتة	torta (f)	tarta (f)
تونة	tuna (f)	atún (m)
تين	tīn (m)	higo (m)
ثلج	talg (m)	hielo (m)
ثوم	tūm (m)	ajo (m)
جبنة	gebna (f)	queso (m)
جرسون	garsone (m)	camarero (m)
جرسونة	garsona (f)	camarera (f)
جريب فروت	grabe frūt (m)	pomelo (m)
جزر	gazar (m)	zanahoria (f)
جمّبري	gammbary (m)	camarón (m)
جوز هند	goze el hend (m)	nuez (f) de coco
جين	ʒin (m)	ginebra (f)
حاجة ساقعة	ḥāga saʾʻa (f)	refresco (m)
حبوب	ḥobūb (pl)	grano (m)
حبوب قمح	ḥobūb ʾamḥ (pl)	cereales (m pl) integrales
حساب	ḥesāb (m)	cuenta (f)
حشوة	ḥaʃwa (f)	relleno (m)
حلو	ḥelw	sabroso (adj)
حلويّات	ḥalawīāt (pl)	pasteles (m pl)
حلويّات	ḥalawīāt (pl)	postre (m)
حليب مكثّف	ḥalīb mokassaf (m)	leche (f) condensada
حنطة سوداء	ḥanṭa sodaʾ (f)	alforfón (m)
حنكليس	ḥankalīs (m)	anguila (f)
خرشوف	χarʃūf (m)	alcachofa (f)
خسّ	χass (m)	lechuga (f)
خضار	χoḍār (pl)	legumbres (f pl)
خضروات ورقية	χoḍrawāt waraqiya (pl)	verduras (f pl)
خلة سنان	χallet senān (f)	mondadientes (m)
خلّ	χall (m)	vinagre (m)
خمرة	χamra (f)	vino (m)
خوخة	χawχa (f)	melocotón (m)
خيار	χeyār (m)	pepino (m)
دقيق	deʾīʾ (m)	harina (f)
دهون	dohūn (pl)	grasas (f pl)
ديك رومي	dīk rūmy (m)	pava (f)
ذرة	dora (f)	maíz (m)
ذرة	dora (f)	maíz (m)
راكدة	rakeda	sin gas
رجيم	reʒīm (m)	dieta (f)
رزّ	rozz (m)	arroz (m)
رم	rum (m)	ron (m)
رمان	rommān (m)	granada (f)

رنجة	renga (f)	arenque (m)
ريحان	rīḥān (m)	albahaca (f)
زبادي	zabādy (m)	yogur (m)
زبيب	zebīb (m)	pasas (f pl)
زبّدة	zebda (f)	mantequilla (f)
زعفران	zaʿfarān (m)	azafrán (m)
زنجبيل	zangabīl (m)	jengibre (m)
زيت	zeyt (m)	aceite (m) vegetal
زيت الزيتون	zeyt el zaytūn (m)	aceite (m) de oliva
زيت عبّاد الشمس	zeyt ʿabbād el ʃams (m)	aceite (m) de girasol
زيتون	zaytūn (m)	olivas, aceitunas (f pl)
ساندويتش	sandawitʃ (m)	bocadillo (m)
سباجيتي	spaɣetti (m)	espagueti (m)
سبانخ	sabānex (m)	espinaca (f)
ستيك لحم	steak laḥm (m)	bistec (m)
سجق	sogo" (m)	salchichón (m)
سجق	sogo" (m)	salchicha (f)
سخن	soxn	caliente (adj)
سردين	sardīn (m)	sardina (f)
سعرة حراريّة	soʿra ḥarāriya (f)	caloría (f)
سكّر	sokkar (m)	azúcar (m)
سكّينة	sekkīna (f)	cuchillo (m)
سلطة	solṭa (f)	ensalada (f)
سلمون	salamon (m)	salmón (m)
سلمون أطلسي	salamon aṭlasy (m)	salmón (m) del Atlántico
سلمون مرقّط	salamon mera"aṭ (m)	trucha (f)
سمسم	semsem (m)	sésamo (m)
سمك	samak (m)	pescado (m)
سمك الحفش	samak el ḥafʃ (m)	esturión (m)
سمك القد	samak el qadd (m)	bacalao (m)
سمك الكراكي	samak el karāky (m)	lucio (m)
سمك الهلبوت	samak el halbūt (m)	fletán (m)
سمك سندر	samak sandar (m)	lucioperca (f)
سمك مفلطح	samak mefalṭah (f)	lenguado (m)
سنبلة	sonbola (f)	espiga (f)
سي فود	sīfūd (pl)	mariscos (m pl)
شاي	ʃāy (m)	té (m)
شاي أحمر	ʃāy aḥmar (m)	té (m) negro
شاي أخضر	ʃāy axḍar (m)	té (m) verde
شبت	ʃabat (m)	eneldo (m)
شبّوط	ʃabbūṭ (m)	carpa (f)
شراب	ʃarāb (m)	aperitivo (m)
شريحة	ʃarīḥa (f)	loncha (f)
شعير	ʃeʿīr (m)	cebada (f)
شكولاتة	ʃokolāta (f)	chocolate (m)
شمبانيا	ʃambania (f)	champaña (f)
شمّام	ʃammām (f)	melón (m)
شهيّة	ʃahiya (f)	apetito (m)
شوربة	ʃorba (f)	sopa (f)
شوفان	ʃofān (m)	avena (f)
شوكة	ʃawka (f)	tenedor (m)
شيلم مزروع	ʃelm mazrūʿ (m)	centeno (m)

صفار البيض	ṣafār el beyḍ (m)	yema (f)
صلصة	ṣalṣa (f)	salsa (f)
صيد	ṣeyd (m)	caza (f) menor
طبق	ṭaba' (m)	plato (m)
طبق جانبي	ṭaba' gāneby (m)	guarnición (f)
طبق فنجان	ṭaba' fengān (m)	platillo (m)
طعم	ṭa'm (m)	sabor (m)
طعم ما بعد المذاق	ṭa'm ma ba'd el mazāq (m)	regusto (m)
طماطم	ṭamāṭem (f)	tomate (m)
عدس	'ads (m)	lenteja (f)
عسل	'asal (m)	miel (f)
عشاء	'aʃā' (m)	cena (f)
عصيدة	'aṣīda (f)	gachas (f pl)
عصير	'aṣīr (m)	zumo (m), jugo (m)
عصير برتقال	'aṣīr bortoqāl (m)	zumo (m) de naranja
عصير طماطم	'aṣīr ṭamāṭem (m)	jugo (m) de tomate
عصير فريش	'aṣīr freʃ (m)	zumo (m) fresco
عنب	'enab (m)	uva (f)
عنب الأحراج	'enab al aḥrāg (m)	arándano (m)
عنب الثعلب	'enab el sa'lab (m)	grosella (f) espinosa
عنب الثور	'enab el sore (m)	arándano (m) rojo
عنبية حادة الخباء	'enabiya ḥāda el χebā' (m)	arándano (m) agrio
عيش	'eyʃ (m)	pan (m)
عين الجمل	'eyn gamal (f)	nuez (f)
غداء	ɣada' (m)	almuerzo (m)
فاصوليا	faṣolya (f)	fréjol (m)
فاكهة	faχa (f)	fruto (m)
فتاتة	fattāta (f)	miga (f)
فتّاحة	fattāḥa (f)	abrebotellas (m)
فتّاحة	fattāḥa (f)	abrelatas (m)
فجل	fegl (m)	rábano (m)
فجل حار	fegl ḥār (m)	rábano (m) picante
فخد خنزير	faχd χanzīr (m)	jamón (m) fresco
فراخ	ferāχ (m)	gallina (f)
فراولة	farawla (f)	fresa (f)
فراولة بريّة	farawla barriya (f)	fresa (f) silvestre
فرخ	farχ (m)	perca (f)
فستق	fosto' (m)	pistachos (m pl)
فطر	feṭr (f)	seta (f)
فطر أحمر	feṭr aḥmar (m)	boleto (m) castaño
فطر أمانيت الطائر	feṭr amanīt el ṭā'er (m)	matamoscas (m)
فطر أمانيت فالوسياني السام	fetr amanīt falusyāny el sām (m)	oronja (f) verde
فطر الشانتريل	feṭr el ʃanterel (m)	rebozuelo (m)
فطر الغوشنة	feṭr el ɣoʃna (m)	colmenilla (f)
فطر بوليط	feṭr boleṭe (m)	boleto (m) áspero
فطر بوليط مأكول	feṭr boleṭe ma'kūl (m)	seta calabaza (f)
فطر روسولا	feṭr russula (m)	rúsula (f)
فطر سام	feṭr sām (m)	seta (f) venenosa
فطر صالح للأكل	feṭr ṣāleḥ lel akl (m)	seta (f) comestible
فطور	foṭūr (m)	desayuno (m)
فطيرة	feṭīra (f)	tarta (f)

فلفل	felfel (m)	pimiento (m) dulce
فلفل أحمر	felfel aḥmar (m)	pimienta (f) roja
فلفل أسوّد	felfel aswad (m)	pimienta (f) negra
فنجان	fengān (m)	taza (f)
فودكا	vodka (f)	vodka (m)
فول	fūl (m)	habas (f pl)
فول الصويا	fūl el ṣoya (m)	soya (f)
فول سوداني	fūl sudāny (m)	cacahuete (m)
فيتامين	vitamīn (m)	vitamina (f)
فيرموت	vermote (m)	vermú (m)
قائمة خمور	qā'emet el χomūr (f)	carta (f) de vinos
قائمة طعام	qā'emet el ṭa'ām (f)	carta (f), menú (m)
قرش	'erʃ (m)	tiburón (m)
قرع عسلي	qar' 'asaly (m)	calabaza (f)
قرفة	'erfa (f)	canela (f)
قرموط	'armūṭ (m)	siluro (m)
قرنبيط	'arnabīṭ (m)	coliflor (f)
قرنفل	'oronfol (m)	clavo (m)
قشرة	'eʃra (f)	piel (f)
قطعة	'eṭ'a (f)	pedazo (m)
قمح	'amḥ (m)	trigo (m)
قهوة	'ahwa (f)	café (m)
قهوة بالحليب	'ahwa bel ḥalīb (f)	café (m) con leche
قهوة سادة	'ahwa sāda (f)	café (m) solo
كابتشينو	kaputʃino (m)	capuchino (m)
كابوريا	kaboria (m)	cangrejo (m) de mar
كاسة	kāsa (f)	copa (f) de vino
كافيار	kaviar (m)	caviar (m)
كالماري	kalmāry (m)	calamar (m)
كانز	kanz	gaseoso (adj)
كانز	kanz	con gas
كبدة	kebda (f)	hígado (m)
كراوية	karawya (f)	comino (m)
كرفس	karfas (m)	apio (m)
كرنب	koronb (m)	col (f)
كرنب بروكسل	koronb broksel (m)	col (f) de Bruselas
كريمة	krīma (f)	nata (f) líquida
كريمة حامضة	kreyma ḥamḍa (f)	nata (f) agria
كريمة زبدة	krīmet zebda (f)	crema (f) de mantequilla
كزبرة	kozbora (f)	cilantro (m)
كشمش أحمر	keʃmeʃ aḥmar (m)	grosella (f) roja
كشمش أسود	keʃmeʃ aswad (m)	grosella (f) negra
كمّثرى	komettra (f)	pera (f)
كوبّاية	kobbāya (f)	vaso (m)
كورن فليكس	korn fleks (m)	copos (m pl) de maíz
كوسة	kōsa (f)	calabacín (m)
كوكتيل	koktayl (m)	cóctel (m)
كونياك	konyāk (m)	coñac (m)
كيكة	keyka (f)	mini tarta (f)
كيوي	kiwi (m)	kiwi (m)
لبان	lebān (m)	chicle (m)
لبن	laban (m)	leche (f)

لحم أرانب	laḥm arāneb (m)	conejo (m)
لحم الخنزير	laḥm el χanazīr (m)	carne (f) de cerdo
لحم العجل	laḥm el ʿegl (m)	carne (f) de ternera
لحم بقري	laḥm baqary (m)	carne (f) de vaca
لحم ضاني	laḥm ḍāny (m)	carne (f) de carnero
لحمة	laḥma (f)	carne (f)
لسان	lesān (m)	lengua (f)
لفت	left (m)	nabo (m)
لوز	loze (m)	almendra (f)
ليكيور	liqure (m)	licor (m)
ليمون	lymūn (m)	limón (m)
ليموناتة	limonāta (f)	limonada (f)
مارجرين	margarīn (m)	margarina (f)
ماكريل	makerel (m)	caballa (f)
مالح	māleḥ	salado (adj)
مانجة	manga (m)	mango (m)
مايونيز	mayonnɛ:z (m)	mayonesa (f)
مجفّف	mogaffaf	seco (adj)
مجمّد	mogammad	congelado (adj)
محار	maḥār (m)	ostra (f)
محاصيل الحبوب	maḥaṣīl el ḥubūb (pl)	cereales (m pl)
مخلّل	meχallel	marinado (adj)
مدخّن	modakχen	ahumado (adj)
مربّى	mrabba (m)	confitura (f)
مربّى	mrabba (m)	confitura (f)
مرقة	maraʾa (m)	caldo (m)
مرملاد	marmalād (f)	mermelada (f)
مر	morr	amargo (adj)
مسطردة	mosṭarda (m)	mostaza (f)
مسكّر	mesakkar	azucarado, dulce (adj)
مسلوق	maslūʾ	cocido en agua (adj)
مشروب غازي	maʃrūb ɣāzy (m)	bebida (f) sin alcohol
مشروبات كحولية	maʃrūbāt koḥūliya (pl)	bebidas (f pl) alcohólicas
مشمش	meʃmeʃ (f)	albaricoque (m)
مطبخ	maṭbaχ (m)	cocina (f)
معجون لحم	maʿgūn laḥm (m)	paté (m)
معلقة	maʿlaʾa (f)	cuchara (f)
معلقة شاي	maʿlaʾet ʃāy (f)	cucharilla (f)
معلّبات	moʿallabāt (pl)	conservas (f pl)
مقبّلات	moqabbelāt (pl)	entremés (m)
مقلي	maʾly	frito (adj)
مكرونة	makaruna (f)	macarrones (m pl)
ملح	melḥ (m)	sal (f)
ملعقة كبيرة	maʿlaʾa kebīra (f)	cuchara (f) de sopa
من غير كحول	men ɣeyr koḥūl	sin alcohol
موز	moze (m)	banana (f)
مياه	meyāh (f)	agua (f)
ميلك شيك	milk ʃejk (m)	batido (m)
ميّة شرب	mayet ʃorb (m)	agua (f) potable
ميّة معدنية	maya maʿdaniya (f)	agua (f) mineral
نباتي	nabāty (m)	vegetariano (m)
نباتي	nabāty	vegetariano (adj)

نبيذ أبيض	nebīz abyaḍ (m)	vino (m) blanco
نبيذ أحمر	nebī aḥmar (m)	vino (m) tinto
نشويّات	naʃawīāt (pl)	carbohidratos (m pl)
نصيب	naṣīb (m)	porción (f)
نودلز	nūdles (f)	tallarines (m pl)
نيسكافيه	neskafe (m)	café (m) soluble
هام	hām(m)	jamón (m)
هامبورجر	hamburger (m)	carne (f) picada
هامبورجر	hamburger (m)	hamburguesa (f)
هليون	helione (m)	espárrago (m)
وافلز	waffles (pl)	gofre (m)
وجبة	wagba (f)	plato (m)
ورق الغار	wara' el ɣār (m)	hoja (f) de laurel
وزّة	wezza (f)	ganso (m)
وصفة	waṣfa (f)	receta (f)
ويسكي	wiski (m)	whisky (m)
ينسون	yansūn (m)	anís (m)
يوسفي	yosfy (m)	mandarina (f)

www.ingramcontent.com/pod-product-compliance
Lightning Source LLC
LaVergne TN
LVHW051300080426
835509LV00020B/3083